PROJET

DE

CONSTITUTION FRANÇAISE

PAR

CH. GIROU DE BUZAREINGUES,

Correspondant de l'Institut, etc.

Rodez,

De l'Imprimerie de **CARRÈRE** Aîné, libraire.

—

1850.

AVERTISSEMENT.

Je publie un projet de Constitution , qui fut écrit dans les Cent-Jours, lorsque l'Empereur fut revenu de l'île d'Elbe, et qui fut lu à cette époque à M. le préfet de l'Aveyron et à quelques amis. J'y ai fait peu de changemens. Je n'ai pas jugé utile de le faire paraître lorsque l'on s'est occupé du même sujet , parce qu'il ne pouvait plaire qu'à bien peu de personnes. Les idées qui en sont la base diffèrent trop, en effet, de celles du 19e siècle, pour que j'aie pu espérer qu'elles fussent adoptées, et je pense aujourd'hui qu'on ne peut mieux faire que de respecter la Constitution actuelle , sauf à en réformer le plus tôt que l'on pourra les vices que l'expérience y a déjà montrés. Accordons-lui, jusqu'alors , l'honneur de croire qu'elle peut nous convenir. Nous serons heureux si elle nous donne des habitudes qui en assurent la durée. Nous avons trop à craindre pour désirer de grands changemens.

A quoi , me dira-t-on , peut donc être bon de faire imprimer votre projet ?

Je ne sais, mais je suis vieux, et je cède au désir de mériter l'estime du public. Peut-être mes idées pourront-elles servir un jour à quelque peuple moins fatigué que nous de révolutions.

INTRODUCTION.

Du Législateur.

« Les Républiques dont les règlemens ne sont pas
bons sont sujettes à changer souvent de gouvernement
et d'état, passant de l'esclavage à la licence et de la
licence à l'esclavage, et non pas, comme l'on pense, de
la servitude ou de la liberté à l'état opposé, parce que
les auteurs de la licence ou de l'anarchie, qui sont les
gens du menu peuple, et ceux de la tyrannie, qui sont
les gens de qualité, n'emploient d'ordinaire que le nom
de la liberté, sans jamais la faire régner, les uns et les
autres ne souhaitant pas de se soumettre aux lois, ni de
s'assujettir à quelqu'un. »

MACHIAVEL, Histoire de Florence.

Le législateur doit avoir de l'honneur, s'oublier lui-
même et sa famille pour ne penser qu'à sa nation, se
dépouiller de tout amour-propre, s'élever au-dessus de
toutes les considérations d'intérêt particulier, pour ne
voir que l'intérêt général ; se transporter dans l'avenir,
et juger son ouvrage comme s'il n'y avait pris aucune
part.

Ce ne serait point encore assez d'avoir tout prévu,
tout calculé, d'avoir inventé le meilleur système de
législation possible, s'il n'avait une autorité suffisante
pour vaincre les obstacles qui doivent s'opposer à son
exécution, parmi lesquels le plus grand, sans doute,

est cette défiance qu'inspirent les idées nouvelles, cette force d'inertie, ce frottement qui ralentit le mouvement d'un mécanisme nouveau, cette difficulté de trouver en nombre suffisant des hommes qui veuillent se pénétrer de tout autre esprit que du leur propre, et qui ne substituent point leurs idées à celles du législateur.

Enfin, outre le savoir et l'autorité, il faut encore que le législateur ait une volonté constante, qui se roidisse contre l'effort sans cesse agissant des habitudes, finisse par les vaincre et leur en substituer de nouvelles qui doivent un jour devenir le plus ferme appui de son ouvrage.

Les obstacles qu'ont éprouvés les Moïse, les Solon et les Lycurgue, montrent qu'il est difficile de faire le bien des hommes.

Cette difficulté est aujourd'hui augmentée par la variété de nos habitudes et de nos mœurs.

Du but que doit se proposer un Législateur dans une Constitution.

1º Etablir le meilleur Gouvernement qui convienne à sa nation ;

2º L'asseoir sur des bases solides et le fortifier d'institutions qui le rendent durable, qui donnent à sa nation une physionomie particulière, un caractère propre ; qui forment en elle des habitudes, des goûts, des penchans inconciliables avec tout autre Gouvernement ; qui lui fassent aimer et respecter le sien et rendent chaque particulier intéressé à la chose publique.

« Le bonheur public doit être l'objet du législateur,

l'utilité générale doit être le principe du raisonnement en législation. »

JÉRÉMIE BENTHAM.

Une nation doit-elle se donner une Constiution sans avoir égard à ses relations avec les nations voisines ?

Cette question est de la plus haute importance, et de sa solution dépendent peut-être les destinées des empires.

Si, par ses Constitutions, un Etat menace l'indépendance des Etats voisins, n'est-il pas de l'intérêt de ceux-ci de se réunir et de s'opposer à l'organisation qui doit un jour occasionner leur ruine? Lorsqu'un prince voit faire autour de lui des armemens extraordinaires, n'en demande-t-il pas la cause et ne s'avise-t-il de les faire cesser qu'alors que ses Etats sont sur le point d'être envahis? De combien de maux l'Italie et l'univers n'eussent-ils pas été préservés, si les Volsques, les Sabins et les Toscans en eussent étouffé le germe dans Rome naissante!

Les Français ont menacé l'indépendance de l'Europe; l'Europe est intéressée à ce que, par ses propres Constitutions, la France lui donne un gage assuré qu'elle renonce à l'esprit d'envahissement, et il importe à la France elle-même d'ôter à son Gouvernement tout intérêt à la guerre, et d'offrir aux nations voisines un gage de ses intentions pacifiques.

Notre fierté ne doit point nous éloigner de ce qui est juste; nous devrions, en bonne politique, nous opposer à ce qu'une puissance menaçât, par quelque moyen que ce soit, notre indépendance; nous ne devons pas trouver mauvais que nos voisins en usent de même envers nous. Pouvons-nous disconvenir que notre état militaire, sinon par le nombre des soldats , du moins par les talens des officiers généraux et la bravoure de toute l'armée , ne soit un des plus formidables de l'Europe , et qu'il n'est aucune puissance qui , par ses seules forces , puisse nous dominer? Suffit-il de déclarer que nous avons renoncé à notre ancien système? Nous contenterions-nous d'une pareille déclaration , si nous étions à la place des souverains des Pays-Bas , du roi de Prusse et même du reste de l'Allemagne?

Prenons cette attitude qui convient à la nation la plus généreuse et la plus franche de l'univers; ne laissons aucun prétexte à la mauvaise foi , ne permettons aucun doute sur nos intentions; qu'il soit bien démontré à nos voisins qu'ils ne doivent plus craindre d'agression de notre part , afin que , s'ils nous attaquent , tout le blâme , ainsi que tous les maux de la guerre retombent sur eux ; afin que la nation elle-même soit bien convaincue qu'on en veut à son indépendance , et qu'il n'y ait plus de citoyen qui ne soit intéressé à soutenir son Gouvernement.

Cette détermination magnanime , dictée par la sagesse , ne saurait être attribuée à la crainte ; nous sommes là-dessus à l'abri du soupçon ; personne n'ignore qu'il est plus difficile de retenir que d'exciter la bravoure des Français.

Que notre Constitution soit donc un obstacle à toute idée de conquête ; que le chef de notre Gouvernement soit intéressé à la paix ; qu'il ait tout à perdre et rien à gagner à faire la guerre.

Classification générale des citoyens d'après leur fortune.

Aux citoyens seuls appartiennent les droits de cité, et le titre de citoyen ne doit être décerné qu'à ceux qui sont intéressés à la chose publique, ou qui ont rendu des services à l'Etat. Ainsi, celui qui ne paie aucune contribution ne peut être citoyen s'il n'a mérité d'ailleurs de porter ce titre.

Plus on tient à l'Etat par sa fortune, par sa famille, par ses entreprises, plus aussi on a des droits à concourir à son administration, et plus on doit contribuer à le défendre.

L'Etat doit se régir par la volonté du souverain, et le souverain se compose de la collection des citoyens.

Mais la volonté de celui qui n'a qu'un léger intérêt à la chose publique doit-elle avoir la même influence dans les déterminations du souverain que celle du citoyen qui y a un grand intérêt?

Cette question n'est point susceptible d'une grande discussion. Dans l'administration de toutes les affaires de société, les plus intéressés ont la prépondérance.

Convaincu de ce principe, Servius divisa les Romains en six classes, selon leur fortune, et accorda à ces classes un nombre de centuries d'autant plus grand que les citoyens dont elles se composaient étaient plus riches. Il donna ainsi dans les élections, qui se faisaient par centuries, une prépondérance très grande à la fortune (1).

(1) M. l'abbé R... a voulu, dans son projet de Constitution, imiter Servius.

Sans faire parmi nous une pareille division qu'il faudrait à chaque instant réformer, on pourrait atteindre le même but par une loi qui ne permît d'être promu aux emplois publics qu'en payant des contributions proportionnées à l'éminence des emplois.

Dans les beaux jours de la République romaine, tout ce qu'il y avait de citoyens remarquables habitait la campagne, et les tribus rustiques exerçaient une grande influence dans le Gouvernement, par l'estime et la considération dont jouissaient les hommes qui les composaient. On sent assez combien il serait utile à l'agriculture et à l'Etat que les propriétaires fissent eux-mêmes valoir leurs terres. Ne pourrait-on point les y engager, en admettant ceux qui demeureraient à la campagne, quoique payant une moindre cote de contributions, à concourir avec ceux des villes pour les mêmes emplois ?

Le même âge ne convient pas à tous les travaux : il y en a qui demandent le feu de la jeunesse, d'autres la maturité du moyen âge, d'autres la lenteur et le sang-froid de la vieillesse.

Classification particulière des citoyens d'après leur profession.

Ils se divisent en plusieurs classes qui fournissent chacune des sous-divisions.

1° *Les cultivateurs.* — Ils composent à peu près les deux tiers de la nation. Ils sont, en général, religieux et faciles à gouverner. Ils contribuent plus que les autres classes à multiplier la population. Leur nombre est cependant déterminé par l'étendue du sol cultivable, par la qualité des terres nécessaires à l'entretien de chaque famille ; il croît rapidement par le morcellement des propriétés. Leur industrie échappe à la concentration, et leur travail, qu'augmente d'abord la division, décroît enfin par elle. On juge de leur prospérité par l'abondance de leurs récoltes, moyen bien faillible d'en juger, car des récoltes trop abondantes les paient moins de leurs peines que des récoltes moyennes, et sont pour eux un vrai fléau, parce que la vente en est plus difficile, le prix moins élevé, et elles demandent plus de travaux. Le morcellement du sol plonge nos campagnes dans la misère et fera un jour la désolation de nos villes, car notre agriculture a une étendue plus susceptible de diminution que d'accroissement ; elle ne peut suffire qu'aux besoins d'une population déterminée. Ce serait se tromper grandement que de juger de ses progrès futurs par ceux qu'elle a faits depuis un demi-siècle ; elle restera très probablement stationnaire, si elle ne diminue par les constructions, les chemins, les passages, la pente des terres, la communauté, tandis que la population croîtra indéfiniment, et la pénurie se dessinera de plus en plus chez nous, comme en Irlande, à la Chine, dans la Limagne, la Bourgogne, l'Alsace, etc. Les maux dont le morcellement nous menace sont à la fois infaillibles et incurables, et seront progressifs. Ils ne sont plus un problème : on les voit naître, croître, se propager ; ils se montrent partout et en proportion du morcellement.

2° *Les ouvriers.* — Cette classe laborieuse compte pour bien peu en politique, parce qu'elle est sans prétentions, qu'elle ne tient point à son état et qu'elle est pénétrée d'admiration ou de haine pour un vain savoir qu'elle n'a pas , et de convoitise pour les richesses qui lui manquent , parce qu'elle n'aspire qu'à cesser d'être ce qu'elle est et à acquérir de la fortune et des vices. Elle seule a une physionomie particulière ; elle a aussi des mœurs , des habitudes et des usages qui semblent attachés au sol et présentent autant de nuances qu'il y a de cantons , de communes , de hameaux.

Cette classe n'est point par elle-même difficile à gouverner : du travail et du pain tous les jours de la semaine, le repos et la gaîté le dimanche , peu d'impôts et point de milice , suffisent à son bonheur.

En France comme dans les autres Etats, elle joue quelquefois un grand rôle dans les dissensions civiles ; mais ce n'est qu'un rôle passif ; elle cède aux impressions qu'elle reçoit des autres classes.

3º *Les militaires.* —Issus en grande partie des classes précédentes , ils se sont élevés au-dessus de toutes les classes par les services qu'ils ont rendus à l'Etat , et, par leur force morale et physique, ils semblent destinés à se maintenir dans le rang qu'ils occupent. Jamais on n'a sacrifié au point d'honneur avec enthousiasme autant qu'aujourd'hui dans les armées françaises , et la bravoure ne règne nulle part avec autant d'empire que dans le cœur de nos soldats.

4º *Le clergé.* — Ce corps qui a été si puissant , qui , dans les commencemens de la monarchie , a succédé à l'autorité des Druides, qui a fait trembler les Rois, ne fait plus trembler personne.

Le clergé est , en général , très respectable ; il ne l'a peut-être jamais été davantage.

Dès l'instant que , abjurant quelques restes d'intolérance, il respectera la liberté des cultes, et ne voudra maîtriser personne, son utilité sera reconnue par tout le monde.

« Il n'y a jamais eu chez aucun peuple de fondateur de lois nouvelles qui n'ait eu recours à Dieu, parce que sans cela l'on ne serait jamais venu à bout de les faire recevoir, car il y a des biens connus par un homme sage qui ne sont pas appuyés par des raisons assez évidentes pour qu'il soit facile de les persuader aux autres. Ainsi un homme prudent, pour se tirer de cet embarras, a recours à la divinité. C'est là ce qui a été pratiqué par Lycurgue, par Solon et par plusieurs autres qui ont eu les mêmes intentions qu'eux.... Il n'y a point de pronostic plus assuré de la ruine prochaine d'un État que lorsqu'on y voit le service de Dieu méprisé. »

MACHIAVEL.

Ce n'est pas être bon citoyen que de tourner publiquement en ridicule les vieilles croyances de sa patrie.

5° *Les nobles*. — Leurs intérêts sont différens de ceux du reste de la nation. Ils ont eu des priviléges qui les mettaient au-dessus des autres classes. L'établissement de l'égalité devant la loi a dû leur déplaire. Il est cependant parmi eux des hommes qui savent faire au public le sacrifice de leurs pertes, qui sont instruits et respectables, et auxquels on peut, sans crainte, confier l'honneur national.

Noblesse oblige. Celui, dont les pères ont mérité l'estime, devient méprisable, s'il ne les imite. Il importe à l'État que les rejetons des anciens chevaliers qui ont illustré la France ne traînent point dans la misère une vie languissante. La patrie, comme une bonne mère, doit, lorsqu'elle le peut sans danger, protéger tous ses enfans.

6° *Les marchands.* — Cette classe est, par état, une des plus polies de la nation. Il y a en elle une infinité de sous-divisions qui comprennent, réunies, ce qui honore la nation et ce qui la déshonore, ce qu'il y a de plus pur et ce qu'il y a de plus impur, où l'homme dont le génie embrasse le globe et balance les intérêts des deux mondes est à côté de celui qui ne sait compter que par ses doigts et qui peut à peine lire les signes grossiers qui lui rappellent la valeur de sa petite pacotille, où l'honnête homme est à côté du fripon, l'avare à côté du généreux et même du prodigue.

7° *Les propriétaires.* — Cette classe se compose d'élémens qui lui sont propres et d'élémens qui sont communs aux classes précédentes. Il est des hommes qui n'ont aucune profession et qui sont propriétaires, d'autres qui sont propriétaires et marchands, ou prêtres, ou soldats, ou encore ouvriers, et il faut comprendre dans cette dernière sous-division toute la famille nombreuse des petits propriétaires qui se confond avec elle, par les mœurs, les usages, les habitudes, et qui est une des parties les plus pures et les plus utiles à l'Etat.

Les propriétaires sont les plus intéressés à la chose publique, il ne saurait arriver de perte ou de malheur à l'Etat, qui ne les frappe ; si cette classe est obligée de fuir, elle ne peut emporter sa fortune. C'est elle qui paie la très grande partie des impôts, c'est elle qui souffre le plus des fautes du Gouvernement et qui s'en plaint le moins.

8° *Les savans, les demi-savans, les professeurs et les instituteurs primaires, les hommes de génie, soit modestes, soit suffisans ; les artistes libéraux, soit habiles, soit inhabiles.* — C'est le tohu-bohu de la France.

Dans toutes ces classes, on doit distinguer les hommes qui savent, qui s'occupent de politique, qui veulent des emplois, des honneurs, des récompenses, d'avec les hommes qui ne savent pas, qui ne s'occupent que de leur profession ou de ce qui s'y rapporte. Les premiers composent la nation politique, celle qui s'agite, qui se tourmente, qui dirige l'opinion publique, qui prend une part très active aux révolutions, qui les prépare, les fomente, les exécute. Quoique bien moins nombreuse que la nation passive, c'est elle cependant qui doit fixer l'attention du législateur, parce que s'il était possible ou de la contenter, ou de la contenir, toute la nation serait satisfaite et soumise. C'est donc cette partie de la nation qui va principalement nous occuper. Nous n'oublierons pas cependant la nation passive; son bonheur, au contraire, sera le principal objet de nos recherches, mais nous prévenons que, sous le nom de nation, nous n'entendrons souvent parler que de la première. Le lecteur pourra aisément juger à laquelle des deux se rapportera ce que nous dirons.

Il est difficile de déterminer les institutions qui conviennent à la nation française.

La nation française se compose d'élémens si hétérogènes, qui ont si peu d'affinité entre eux, de nature si opposée, qu'il n'existe peut-être pas de principe qui puisse les rapprocher et les lier ensemble. Il y a parmi les Français une telle diversité d'opinions, d'intérêts, de goûts, d'habitudes, de passions, de préjugés, qu'il est impossible que la même chose convienne à tous.

Cependant ils s'accordent, en général, à admirer ce qui est grand et à honorer ce qu'ils admirent; l'honneur national est vraiment la divinité de la nation, et ce sentiment dérive de l'esprit de corps qui est très puissant en France. Tel homme négligerait dans ses affaires personnelles ce que l'honneur exige, qui craindrait de compromettre par ses discours ou par ses actions, qui défendrait même au péril de sa vie l'honneur d'une société ou d'un corps dont il ferait partie. Prêts à convenir de leurs torts, de leurs défauts, de leurs travers, de leurs vices individuels, sans que cet aveu ait rien de pénible pour eux, les Français se croiraient cruellement offensés, si un étranger s'avisait de dire de leurs amis, de leur corps, du lieu de leur naissance, de leur département, de leur patrie, ce qu'ils en pensent eux-mêmes. Pleins de fierté, ils ne peuvent supporter l'avilissement et le mépris. Celle fierté est accompagnée de présomption ; il suffit d'exalter leur amour-propre, de flatter leur orgueil pour les déterminer à des entreprises téméraires. Il n'est pas de nation aussi facile à enflammer, et qui se passionne aussi fortement pour la gloire.

Les Français s'intéressent vivement au faible qu'on opprime ; les outrages prodigués à l'Empereur dans l'adversité lui ont rendu le cœur de la nation et ont converti même en une sorte d'idolâtrie la haine que lui avaient vouée certaines personnes qui croyaient en avoir reçu des dommages. Tout ce qui porte un caractère de lâcheté excite l'indignation des Français.

Ils peuvent caresser l'homme puissant, le flatter s'ils en attendent quelque bien, mais ils n'estiment que le mérite, et surtout celui qui annonce de la grandeur d'âme.

Quant à leurs opinions, ils sont enclins à raisonner sur tout, et il est aisé de les convaincre d'une chose vraie, mais on ne doit pas s'attendre qu'ils respectent long-temps une erreur favorable aux intérêts d'une classe quelconque de la société. Tout système de législation qui n'aurait pas la vérité pour base croulerait bientôt. On ne devrait point espérer de pouvoir le consolider par l'intervention du clergé, et ce serait même aujourd'hui une faible autorité pour eux que l'opinion de leurs ancêtres.

On peut appliquer presque en entier aux Français le portrait que le savant Barthélemy a fait des Athéniens.

« Ce peuple, qui a des sensations très vives et très passagères, réunit, plus que tous les autres peuples, les qualités les plus opposées et celles dont il est le plus facile d'abuser pour le séduire.

» L'histoire nous le représente tantôt comme un vieillard qu'on peut tromper sans crainte, tantôt comme un enfant qu'il faut amuser sans cesse, quelquefois déployant les lumières et les sentimens des grandes âmes; aimant à l'excès les plaisirs, la liberté et la gloire; s'enivrant des éloges qu'il reçoit, applaudissant aux reproches qu'il mérite; assez pénétrant pour saisir aux premiers mots les projets qu'on lui communique, trop impatient pour en écouter les détails et en prévoir les suites... Mobile surtout et frivole au point que, dans les affaires les plus graves et quelquefois les plus désespérées, une parole, dite au hasard, une saillie heureuse, le moindre objet, le moindre accident, pourvu qu'il soit inopiné , suffit pour le distraire de ses craintes ou le détourner de son intérêt (1). »

Si le législateur des Français n'a que peu de ménage-mens à garder , presque point d'habitudes à vaincre , s'il lui suffit de ne point choquer les intérêts des grandes masses , c'est-à-dire d'assurer la propriété , d'éloigner toute crainte du retour du régime féodal , de ne point alarmer le clergé ou indisposer l'armée , de respecter les droits de la nation , il doit voir cependant , il faut en convenir, un grand obstacle à la durée de ses institu-tions dans cette indifférence , je n'ose dire dans ce goût, qu'un grand nombre de Français , à l'imitation des Athéniens, témoignent pour les révolutions , *sans autre motif qu'une inquiétude secrète , sans autre objet que des espérances incertaines* (2) ; ou même uniquement parce que , comme celles du théâtre , elles alimentent ou excitent la curiosité.

Comment peut-il espérer que ces institutions seront respectées de ces hommes habitués à tout faire pour obtenir ce qu'ils désirent, et qui désirent tout ce qui est lucratif; de ces hommes qui, par état et indifférem-ment, attaquent la vérité et défendent l'erreur ; de ceux qui ne voient l'intérêt public que dans leur intérêt per-sonnel, qui trouvent juste tout ce qui les favorise et in-juste tout ce qui leur est contraire, qui désirent la guerre parce qu'ils en attendent ou des emplois , ou le débit de leurs marchandises ; ou bien encore de ceux qui sa-crifieraient au bien de la paix l'honneur des armées , l'indépendance de l'Etat, la sûreté des provinces ; dans

(1) *Voyages du jeune Anacharsis* , t. 2 , pages 285-286.
(2) *Voyages du jeune Anacharsis* , t. 1er , page 129.

la crainte d'être privés de quelques jouissances , d'être obligés de suspendre quelques instans le cours des habitudes ; de ces hommes qui n'encensent que le Dieu des plaisirs , qui ne craignent que le ridicule , qui appellent préjugé toute morale incommode , qui ne rougissent point d'outrager le lendemain ce qu'ils ont adoré la veille , qui prodiguent la flatterie au pouvoir et l'humiliation à l'infortune.

Il serait, il est vrai, injuste de prétendre que la réunion de ces êtres forme la majorité de la nation , mais il n'est que trop constant qu'ils exercent une malheureuse influence par leur activité importune.

Si l'on veut considérer le reste de la nation comme une table rase, comme un sol net où l'on peut bâtir sans obstacle, on peut ajouter que, dans l'intérieur de ce sol, on trouve pour fondement, au lieu du roc, des matériaux tellement friables , que s'il est facile à l'architecte d'y élever un beau monument, il doit, pour le faire durable, employer un ciment qui durcisse en vieillissant et rende inséparable ce qu'il a uni. Peut-on espérer d'obtenir ces résultats sans s'écarter des compositions ordinaires? Non.

Un système basé sur des préjugés , sur une doctrine favorable aux gouvernans, mais en opposition avec les droits imprescriptibles du peuple , serait persifflé, si l'on avait le droit de tout dire, ou haï, si l'on n'avait que le droit de penser.

Un projet de Constitution qui ne présenterait que des idées communes, que des moyens plusieurs fois mis en usage, serait peu critiqué peut-être, mais on le considérerait comme un mode de Gouvernement provisoire.

Des idées neuves peuvent surprendre les hommes timides ; mais elles doivent plaire à la partie active de la nation qui aime les nouveautés et que rien n'étonne, disposée à s'enthousiasmer pour ce qui est extraordinaire et en même temps raisonnable.

Encouragé par ces considérations, je me suis déterminé à publier quelques pensées, qui me vaudront sans doute tout au plus l'honneur d'être appelé homme à système, mais qui auront toujours pour résultat de forcer les esprits qui voudront les examiner à sortir de ce cercle étroit autour duquel on tourne depuis soixante ans, et les conduiront peut-être dans des routes moins battues, mais plus sûres, mais moins mauvaises que celles qu'on nous a montrées jusqu'ici.

L'esprit d'imitation, dit J.-J. Rousseau, produit peu de bonnes choses, et ne produit jamais rien de grand.

PROJET

DE

CONSTITUTION FRANÇAISE.

TITRE Ier. — Droits et devoirs du Citoyen.

DROITS.

1. La propriété. Droit d'user, d'abuser, d'échanger, de vendre, de donner, de transmettre entre vifs ou par testament ce qui en est l'objet.

2. La liberté de faire ce qui n'est pas défendu par la loi et qui ne nuit aux droits de personne.

3. L'égalité devant la loi, autant que le permettent les inégalités de la force, du sexe, de la santé, de l'âge, du tempérament, du sort, de l'éducation, etc.

4. La sûreté, par l'intervention de la loi, pour la jouissance paisible des droits qu'elle reconnaît ou de ceux qu'elle accorde.

5. L'inviolabilité du domicile.

6. La liberté des cultes.

7. Celle de manifester ses opinions de vive voix ou de toute autre manière.

8. Celle de profiter de l'éducation ou de l'instruction publique.

9. La loi seule peut modifier tous ces droits, les

restreindre, en déterminer les conditions, les exceptions et l'usage. Elle respecte et garantit tous ceux qu'elle a reconnus et comme elle les a reconnus.

DEVOIRS.

10. Le citoyen doit à l'Etat les services que l'Etat lui demande ou lui impose :

11. Le paiement des contributions ;

12. Le respect des lois et de l'autorité, celui des bonnes mœurs et de la tranquillité publique ;

13. Des votes consciencieux dans les élections.

14. On ne peut être citoyen à la fois de deux Etats différens. Celui qui, sans la permission de son souverain, accepte et porte publiquement des récompenses honorifiques d'un autre souverain, est censé avoir abdiqué son titre de citoyen dans le premier de ces Etats.

15. On peut assister sans armes à toute réunion qui n'est point prohibée, et s'y entretenir de la chose publique ; mais on doit éviter d'y tenir des discours contraires aux lois, aux mœurs et aux diverses religions de son pays.

TITRE II. — Système politique.

16. Le Gouvernement français est à la fois démocratique, aristocratique et monarchique.

17. Il se compose de trois pouvoirs : le législatif, l'exécutif et le conservateur.

18. Le pouvoir législatif est démocratique, aristocratique et monarchique. Il est représenté, comme démocratique, par les assemblées nationales ; comme aristocratique, par la chambre-haute ; comme monarchi-

que, par le prince, qui prépare la loi, la conseille, l'interprète par son conseil (conseil-d'État) et la sanctionne.

19. Les assemblées nationales sont au nombre de quatre-vingt-dix, une pour chaque département, et quatre pour les colonies. Elles siégent dans les chefs-lieux de leurs départemens, excepté celles des Corses qui siégent à Aix et celles des colonies qui siégent à......

20. La chambre-haute siége à Bourges.

21. Le pouvoir exécutif se compose principalement : 1º du prince qui en est le chef et qui demeure à Paris, ou ailleurs si la chambre-haute l'ordonne; 2º de cinq grands-dignitaires; 3º de douze ministres.

22. La principauté est héréditaire de mâle en mâle par ordre de parenté et de primogéniture; elle est inviolable.

23. La loi commande aux dignitaires et aux ministres l'obéissance au prince, lorsqu'il n'exige rien de contraire à ce qu'elle veut.

24. Les dignitaires sont :

1º Le grand-économe, qui a sous lui le ministre des finances et celui des travaux publics;

2º Le grand-juge, qui a sous lui le garde-des-sceaux et le ministre de la police;

3º Le grand-administrateur, qui a sous lui le ministre de l'intérieur et celui de l'agriculture et du commerce;

4º Le connétable, qui a sous lui le ministre de la guerre et celui de la marine :

Le connétable préside un conseil militaire.

5º Le censeur, qui a sous lui le ministre de l'instruction publique et celui des cultes;

Le censeur préside un grand-conseil de censure, composé de quatre-vingt-dix membres, et ils ont sous eux de petits conseils de censure.

25. Le prince commande immédiatement aux ministres des relations extérieures et de la charité, et médiatement aux autres ministres par les dignitaires.

26. Les dignitaires, le censeur excepté, sont responsables, tous les ministres le sont aussi.

27. Les dignitaires sont à vie.

28. Toute cette partie du pouvoir exécutif, ainsi que le conseil du prince, se fixe près de lui, à l'exception de la censure qui demeure à Bourges, et si le prince change de résidence par l'ordre de la chambre-haute, elle en change aussi, sauf les exceptions voulues par le prince et que cette chambre approuve.

29. L'enseignement public est réglé par la loi, et nul ne peut obtenir un emploi sans faire preuve de l'instruction qu'elle exige.

30. Le pouvoir conservateur est judiciaire, Il protége l'Etat contre les entreprises de l'ambition et des factions, et les particuliers contre les erreurs ou les prétentions injustes de l'autorité.

31. Il est indépendant.

32. Il défend la loi et l'Etat le défend.

33. Tout pouvoir public s'exerce en vertu d'une loi et dans les formes qu'elle a prescrites.

TITRE III. — Droits et devoirs de l'autorité.

CORPS LÉGISLATIF.

34. Le 1er septembre de chaque année, la chambre-haute se réunira à Bourges et s'occupera d'abord de la composition de son bureau pour un an.

35. Le 10 du même mois, les présidens des assemblées nationales y seront rendus et assisteront à la séance monarchique pour entendre le discours du prince et pour voter l'adresse avec la chambre-haute.

36. Après que cette adresse aura été présentée, les présidens se retireront et se rendront à leurs assemblées, qui se réuniront le 1er octobre.

37. Le 15 septembre, les ministres présenteront à la chambre-haute leur budget et les lois qu'aura préparées le conseil du prince.

38. La chambre-haute ne peut voter aucun projet de loi, si plus des deux tiers de ses membres ne sont présens.

39. Toute proposition de loi doit être examinée dans une commission.

40. Tout membre de la chambre-haute peut former et présenter des projets de loi qui, s'ils sont pris par elle en considération, devront être adressés au conseil du prince, et, s'il les approuve, ils seront soumis à l'approbation de la chambre et ensuite envoyés aux assemblées nationales.

41. La chambre-haute reçoit les pétitions des citoyens et nomme des commissions pour lui en faire des rapports.

42. Les budgets et les projets de loi seront discutés

et votés par cette chambre, qui pourra y proposer des amendemens, lesquels seront examinés par le conseil du prince, et à mesure qu'on sera d'accord sur chacun d'eux ou sur les amendemens, le pouvoir exécutif les transmettra aux assemblées nationales, près chacune desquelles il aura trois commissaires pour les défendre.

43. Ces budgets et ces projets de loi seront revêtus de l'approbation du prince et de celle de la chambre-haute, avec l'indice des majorités qu'ils devront obtenir pour être convertis en lois.

44. Lorsqu'ils auront été votés par les assemblées nationales, le procès-verbal de ces votes sera adressé à la chambre-haute, qui les recensera et en fera publier le résultat, et ceux qui auront reçu en leur faveur les majorités requises seront proclamés par le pouvoir exécutif lois de l'Etat.

45. Les projets qui n'auront obtenu à ces assemblées qu'une trop faible majorité seront cependant exécutés comme une loi pendant un an, après quoi la chambre-haute ou les retirera, ou les modifiera, ou les maintiendra, et enverra ceux qu'elle n'aura pas retirés aux assemblées nationales, et s'ils n'y obtiennent point une majorité suffisante, ils seront comme non avenus, et l'on ne pourra les représenter qu'après trois ans.

46. Les projets qui n'intéresseront que quelques départemens ne seront présentés qu'au prince et aux députés de la chambre-haute de ces départemens ; s'ils les adoptent, on les transmettra à leurs assemblées nationales, et si elles les approuvent à une majorité quelconque, les frais, s'il y en a, seront supportés par ces mêmes départemens.

47. Après le 15 janvier, la chambre-haute n'enverra plus de projets de loi aux assemblées nationales, mais elle attendra jusqu'au 15 février suivant leurs votes sur les projets qui leur auront été soumis, pour faire le recensement des suffrages qu'ils auront obtenus et en proclamer les résultats, lors même que l'envoi n'en serait pas complet.

48. Les membres de la chambre-haute ne recevront point de traitement. Ceux des assemblées nationales recevront quinze francs par journée de présence, et leur présence sera constatée par leur signature sur un registre, et, s'il y a lieu, par leur réponse à un appel nominal.

49. Les séances de la chambre-haute, ainsi que celles des assemblées nationales, sont publiques, à moins qu'un tiers des membres présens ne demande qu'elles soient rendues secrètes.

50. Un projet de loi ne peut être présenté deux fois dans la même session.

51. Aucun membre de la chambre-haute et des assemblées nationales ne peut être traduit en justice, pendant la session, sans une autorisation de l'assemblée dont il fait partie.

52. L'impôt ne peut être refusé pour l'exécution des lois existantes. Il peut l'être pour celle des lois à faire ou pour les entreprises nouvelles en simple projet.

Pouvoir exécutif.

∞

DU PRINCE.

53. Le prince propose les lois, préparées par son conseil, à la chambre-haute par les ministres, qui sont chargés de les défendre.

54. Il fait des règlemens nécessaires pour l'exécution des lois.

55. C'est en son nom qu'est rendue la justice.

56. Il peut faire grâce ou commuer les peines ; mais il ne peut rien contre les arrêts de la haute-cour, à moins qu'elle-même n'invoque sa clémence en faveur des condamnés.

57. Il a le droit de convoquer extraordinairement la chambre-haute en cas de guerre.

58. Il déclare la guerre, fait les traités de paix, d'alliance, de commerce.

59. Cette déclaration et ces traités sont nuls, s'ils ne sont approuvés par la chambre-haute.

60. Aucune partie de l'Europe, au-delà des frontières actuelles de la France, ne pourra jamais être soumise à son gouvernement que pendant la durée de la guerre ; mais on pourra donner l'indépendance aux pays conquis, si l'on ne juge pas devoir les remettre sous la domination de leur souverain ordinaire.

61. Le prince donne des récompenses honorifiques.

62. Il fait frapper les monnaies.

63. Il a une garde déterminée par la loi et fournie par tous les départemens.

64. Ce n'est que par son ordre que les villes, qui ne sont pas des places de guerre, peuvent être mises en état de siége.

65. Il peut dissoudre par tiers les gardes nationales ; mais il doit organiser de nouveau, dans six mois, la partie qu'il a dissoute, avant d'en dissoudre un autre tiers, etc.

66. Il ne commande point l'armée.

DE LA DICTATURE.

67. Dans les grands dangers de la patrie, la chambre-haute peut conférer au prince l'autorité dictatoriale.

68. La dictature ne peut durer que six mois, à moins qu'elle ne soit renouvelée après ce terme. Mais elle ne peut être proclamée qu'une fois, dans le courant d'une année, sans le consentement des assemblées nationales, demandé par la chambre-haute.

69. Le pouvoir du dictateur est presque sans bornes. Quoiqu'il ne puisse changer la forme du gouvernement, il peut néanmoins suspendre et même destituer le connétable et le remplacer ; il peut autoriser la chambre-haute à ordonner des levées extraordinaires d'hommes et d'impôts.

DES DIGNITAIRES.

70. Le grand-économe, le grand-juge, le grand-administrateur et leurs ministres sont responsables, chacun, de la partie qui leur est confiée.

71. Ils doivent, autant que possible, en diriger l'administration, toujours dans un même système, et préserver ainsi l'Etat de l'inconstance inévitable, sans eux, par les changemens des ministres.

72. Le connétable commande les armées de terre et de mer. Il a la direction de la guerre, des fortifications, des constructions maritimes, de tous les approvisionnemens militaires, des écoles militaires et polytechnique.

73. Il soumet ses projets de règlement, pour l'organisation et la discipline militaire, à un grand-conseil composé de maréchaux et d'amiraux, nommé sur ses présentations et présidé par lui, et lorsqu'ils sont approuvés par ce conseil, ainsi que ceux de fortification des places, et des constructions maritimes, ils sont transmis à la chambre-haute, et, s'ils en sont approuvés, aux assemblées nationales. Il en est de même des levées d'hommes et d'argent en temps de paix.

74. Le connétable ne peut, à peine de destitution, commander aux troupes, en temps de paix, un mouvement que le prince aurait défendu.

75. Il est responsable, ainsi que les ministres de la guerre et de la marine.

76. Le censeur, qui doit être âgé au moins de cinquante-cinq ans, a sous lui un grand-conseil de censure, composé de quatre-vingt-dix membres, un de chaque département, un de l'Algérie, un des colonies d'Amérique, un des colonies d'Asie et un des colonies d'Afrique ; ils sont âgés au moins de cinquante ans, et tous nommés par le prince, sur une liste de trois candidats pour chaque place, qui lui est présentée par le censeur. Ils doivent avoir déjà occupé des places dans les tribunaux.

77. Les ministres d'un culte quelconque sont exclus de toute fonction dans la censure.

78. Ce conseil est présidé par le doyen de ses membres, lorsqu'il ne peut l'être par le censeur.

79. Dans leurs assemblées, les conseillers doivent rester debout et découverts jusqu'à ce que le censeur, ou celui qui le remplace, leur ordonne de s'asseoir et de se couvrir. Le plus profond silence doit être observé dans leurs réunions par ceux à qui le censeur ou son représentant n'a pas accordé la parole.

80. Il y a dans les villes où siégent les cours souveraines, et à Paris dans chaque section, des petits conseils de censure, composés, ceux des départemens, d'autant de membres qu'il y a de tribunaux de 1re instance dans la juridiction de la cour souveraine, et ceux de Paris, de cinq membres chacun, tous âgés au moins de quarante-cinq ans, et nommés par le censeur, qui ne peut les prendre que parmi les hommes qui ont déjà occupé une place de procureur du prince dans un tribunal de 1re instance.

81. Les nominations de ces petits conseils doivent être approuvées par le grand-conseil qui détermine leur emploi.

82. Le censeur et le grand-conseil de censure font ensemble des institutions pour améliorer ou réformer les mœurs, et accroître l'autorité paternelle.

83. La résidence ordinaire du censeur et celle de son grand-conseil est la même que celle de la chambre-haute.

84. Les séances du conseil de censure sont secrètes.

85. Le censeur a la surveillance des théâtres et de la librairie. Il interdit, de concert avec son grand-conseil, la représentation des pièces et la publication des livres contraires aux mœurs.

86. Chaque membre du conseil de censure doit faire, tous les ans, une tournée dans un département autre que le sien, qui lui est désigné par le censeur, et présenter un rapport au conseil de ce qu'il y aura jugé utile à l'amélioration des mœurs.

87. Le censeur doit être consulté par le prince, lorsqu'il s'agit de nommer un grand dignitaire.

88. Le censeur et son conseil provoquent, s'il y a lieu, la destitution des fonctionnaires publics, nommés par le prince, pour cause de conduite licencieuse, et le prince ne peut s'empêcher de pourvoir au remplacement des fonctionnaires déclarés indignes de leur place par cinquante membres du conseil de censure.

89. Les petits-conseils de censure provoquent, s'il y a lieu, la destitution des fonctionnaires nommés par les grands-dignitaires, et ceux-ci ne peuvent être dispensés du remplacement que par le grand-conseil de censure.

90. Le censeur et le grand-conseil de censure peuvent déclarer tout citoyen, non employé par le gouvernement, indigne des distinctions et des récompenses honorables qu'il a déjà obtenues, de remplir des fonctions publiques et de voter aux assemblées du peuple.

91. Les décrets de la censure ne peuvent être motivés que sur une mauvaise conduite. Nul ne peut être recherché pour ses opinions, à moins qu'elles n'aient occasionné quelque désordre.

DROITS DE LA HAUTE-COUR.

92. La haute-cour juge tous les délits politiques, c'est-à-dire la violation de la constitution par l'autorité, les

conjurations contre le gouvernement, les provocations à la désobéissance aux lois, les insultes, les calomnies, les outrages contre l'autorité.

93. Les peines de ces délits sont l'amende, l'exil, la déportation, dont la quotité ou la durée sont déterminées par la loi, selon la nature des délits, le pouvoir, le caractère et les habitudes des coupables.

94. La haute-cour juge aussi tous les différends qui peuvent survenir entre les particuliers et le prince, ou le corps législatif, et enfin les causes de prise à partie contre les cours d'appel et les cours criminelles.

95. Ses jugemens sont irrévocables et doivent recevoir leur entière exécution, à moins qu'elle ne réclame en faveur du condamné la clémence du prince.

96. Elle siége à Orléans.

97. La chambre-haute et la majorité des membres des assemblées nationales peuvent mettre en accusation les dignitaires responsables et les ministres.

TITRE IV. — Des Electeurs et des Elections.

98. Il y a des électeurs du premier et des électeurs du second degré.

99. Ceux-ci prennent part aux mêmes élections que ceux-là. Mais il y a des élections qui appartiennent exclusivement aux électeurs du 2ᵉ degré.

100. Tout Français âgé de vingt-cinq ans, qui paie 10 francs de contribution foncière, ou le double en contribution mobilière du déficit sur les 10 francs de sa cote foncière, est électeur au 1ᵉʳ degré, sauf les exceptions suivantes :

101. Les faillis qui ne sont point relevés de leur faillite, les interdits, ceux qui ont été condamnés aux travaux forcés, ou à la détention, ou à une peine infamante, ou ceux qui ont été déclarés par le censeur indignes de voter dans les assemblées électorales, ne sont point électeurs.

102. Les condamnations effacées par la volonté du prince ou par une amnistie ne nuisent pas au droit électoral.

103. Les militaires en activité de service ne prennent aucune part aux élections comme électeurs.

104. Les électeurs du 2e degré sont nommés par ceux du premier en nombre égal au dixième du leur.

DES ÉLECTIONS DÉMOCRATIQUES FAITES PAR TOUS LES ÉLECTEURS.

105. Au 1er mai de l'an..., les électeurs seront divisés en sections, composées au plus de cinq cents électeurs.

106. S'ils sont moins de vingt, ils ne nommeront au chef-lieu de leur commune qu'un électeur du 2e degré, âgé de trente ans et payant 50 fr. de contribution directe, ou pris parmi les dix plus fort imposés de la section. S'ils sont vingt et moins de trente, ils en nommeront deux, payant aussi 50 fr. de contribution directe, ou pris parmi les quinze plus fort imposés. S'ils sont trente et moins de quarante, ils en nommeront trois payant la même contribution, ou pris parmi les vingt plus fort imposés, etc.

107. Ces élections sont faites à haute voix et à la majorité relative des suffrages.

DES ÉLECTIONS DÉMOCRATIQUES FAITES PAR LES ÉLECTEURS
DU 2ᵉ DEGRÉ.

108. Au 1ᵉʳ juin suivant, les électeurs du 2ᵉ degré seront divisés en sections, comme les précédens, s'il est nécessaire, et, s'ils sont moins de deux cents, ils ne nommeront qu'un député ; s'ils sont deux cents et moins de trois cents, ils en nommeront deux ; s'ils sont trois cents et moins de quatre cents, ils en nommeront trois ; s'ils sont quatre cents et moins de cinq cents, ils en nommeront quatre ; s'ils sont cinq cents, ils en nommeront cinq.

109. Ces nominations seront faites au scrutin secret, à la majorité relative des suffrages et au chef-lieu du canton.

110. Ces députés devront avoir au moins quarante ans, être électeurs du 1ᵉʳ degré, n'avoir aucune fonction inconciliable avec les devoirs du député, à moins qu'ils ne préfèrent s'en démettre.

111. Ils seront nommés pour neuf ans.

ÉLECTIONS ARISTOCRATIQUES.

112. Le 1ᵉʳ juillet suivant, les députés aux assemblées nationales, réunis au chef-lieu de leur département, nommeront leurs présidens et leurs secrétaires pour un an, et, en outre, un député à la chambre-haute, s'ils sont moins de trente ; deux députés, s'ils sont trente et moins de quarante-cinq ; trois députés, s'ils sont quarante-cinq et moins de soixante, etc.

113. Ces députés devront payer 1,000 fr. de contribution, ou être pris parmi les dix plus fort imposés

de leur département. Ils pourront n'être âgés que de vingt-cinq ans.

114. Ces nominations seront faites au scrutin secret, à plusieurs scrutins, s'il est nécessaire, et à la majorité absolue des suffrages.

RENOUVELLEMENT PARTIEL DES ÉLECTEURS DU 2e DEGRÉ ET DES ASSEMBLÉES NATIONALES.

115. Les électeurs du 2e degré et les députés aux assemblées nationales seront renouvelés par tiers tous les trois ans.

116. Le sort désignera les deux premiers tiers des membres sortans.

117. Les mêmes pourront être renommés.

ÉLECTION MONARCHIQUE.

118. Le prince est nommé aux chefs-lieux des communes par les électeurs du 1er degré, au scrutin secret, à la majorité absolue des suffrages et à trois scrutins, si c'est nécessaire.

119. Il doit payer 20,000 francs de contribution foncière.

DES RECENSEMENS DES SCRUTINS.

120. Les recensemens des élections précédentes se feront :

1° Ceux des scrutins des électeurs du 1er degré, aux chefs-lieux des communes par les bureaux des sections ;

2° Ceux des scrutins pour les élections aux assemblées nationales, aux chefs-lieux de canton par les bureaux des assemblées électorales ;

3° Ceux des élections à la chambre-haute, aux chefs-lieux des départemens par les bureaux des assemblées nationales ;

4° Ceux de l'élection du prince, aux chefs-lieux des communes, puis aux chefs-lieux des départemens, puis à la chambre-haute, et si un premier scrutin ne donne pas la majorité absolue, on aura recours à un second et enfin à un troisième, sur un ballottage, si le second ne suffit pas.

121. Dans toutes ces élections, il y aura quatre scrutateurs et autant de registres sur lesquels seront inscrits les noms des votans, et qui devront être communiqués à l'électeur qui voudra en prendre connaissance.

AUTRES NOMINATIONS FAITES PAR LES ÉLECTEURS
DU 2ᵉ DEGRÉ.

122. Les électeurs du 2ᵉ degré nomment les conseillers-généraux et ceux d'arrondissement.

AUTRES NOMINATIONS FAITES PAR LES ÉLECTEURS
DU 1ᵉʳ DEGRÉ.

123. Les électeurs du 1ᵉʳ degré nomment les conseillers municipaux.

124. Dans toutes ces élections, il y aura quatre scrutateurs et deux registres, sur lesquels seront inscrits les noms des votans, et qui devront être communiqués à l'électeur qui voudra en prendre connaissance.

ÉLECTIONS FAITES PAR LE POUVOIR EXÉCUTIF.

Observation préliminaire.

125. Dans toutes les nominations, les candidats sont au nombre de trois pour chaque place.

ÉLECTIONS FAITES PAR LE PRINCE.

126. Le prince nomme d'abord le censeur, qui doit avoir au moins cinquante-cinq ans et être pris parmi les anciens ministres de l'instruction publique ou parmi les anciens gardes-des-sceaux, ou être proche parent du prince, et, après l'avoir consulté, il nomme les autres dignitaires et leurs ministres.

127. Pour être dignitaire, il faut payer 5,000 fr. de contributions et avoir été ministre, ou être proche parent du prince.

128. Pour être ministre, il faut payer 2,000 fr. de contributions.

129. A l'exception des ministres des relations extérieures que le prince doit prendre parmi les anciens ambassadeurs, et du ministre de la charité, qui doit être ou médecin, ou membre de l'administration générale des hôpitaux de Paris, et que le prince peut nommer sans l'avis de personne, il choisit les autres ministres sur les présentations qui lui sont faites par les dignitaires compétens, lesquels ne doivent désigner que des sujets appartenant déjà à des rangs déterminés pour chacun. Ainsi tous les ministres peuvent être pris parmi les ex-ministres du même département, et de plus,

130. Le ministre des finances doit être pris parmi les receveurs-généraux, ou les banquiers, ou les écrivains sur l'économie politique ;

131. Le ministre des travaux publics, parmi les ingénieurs et les architectes ;

132. Le garde-des-sceaux, parmi les présidens de la cour de cassation ou des cours souveraines ;

133. Le ministre de la police, parmi les anciens préfets de Paris ou parmi les anciens préfets de police ;

134. Le ministre de l'intérieur, parmi les préfets des départemens dont les chefs-lieux ont au moins cinquante mille âmes de population ;

135. Le ministre de l'agriculture et du commerce, parmi les membres de l'Académie des sciences, section de l'économie rurale, ou parmi les présidens de la Société centrale d'agriculture ;

136. Le ministre de la guerre, parmi les maréchaux ou les lieutenans-généraux ;

137. Le ministre de la marine, parmi les amiraux ou les vice-amiraux ;

138. Le ministre des cultes, parmi les ex-ministres de l'instruction ou parmi les membres de la cour de cassation ;

139. Le ministre de l'instruction publique, parmi les membres du conseil académique de l'Université, ou parmi les proviseurs des premiers lycées, ou parmi les auteurs des meilleurs ouvrages sur l'éducation.

140. Le prince nomme les membres de son conseil, sur une présentation qui lui est faite par la chambre-haute.

141. Ses conseillers doivent être pris parmi les ex-

conseillers ou parmi les membres du corps législatif, les ministres, les ambassadeurs, les conseillers de la cour de cassation, les présidens des cours souveraines, de la cour des comptes, les maréchaux ou les amiraux, les préfets qui ont plus de dix ans de service, les membres dé l'Académie des sciences morales et politiques, ou parmi ceux de l'Académie des sciences. Ils doivent payer 1,000 fr. de contributions.

142. Les archevêques, les évêques et les principaux ministres de tous les cultes sont nommés par le prince, sur la présentation par le censeur et le grand-conseil de censure.

143. Les directeurs-généraux sont aussi nommés par le prince, ainsi que les quatre-vingt-dix membres du conseil de censure, les conseillers des cours des comptes, de cassation et d'appel, les procureurs-généraux et les avocats-généraux, les juges de première instance et les procureurs du prince, les préfets, les conseillers de préfecture, les sous-préfets, etc., sur les présentations des dignitaires ou des ministres compétens.

NOMINATIONS RÉSERVÉES AUX GRANDS-DIGNITAIRES.

144. Le grand-économe nomme :

1º Sur les présentations du ministre des finances, les percepteurs des communes ;

2º Sur les présentations des préfets, approuvées par le ministre des travaux publics, les architectes des départemens.

145. Le grand-juge nomme :

1º Sur les présentations du garde-des-sceaux, les juges de paix et leurs greffiers ;

2° Tous les agens de la police dans les départemens autres que celui de la Seine, sur les présentations du ministre de la police.

146. Le grand-administrateur nomme :

1° Tous les maires et tous les adjoints des villes, chefs-lieux d'arrondissement et qui ne sont point chef-lieu de préfecture, sur les présentations du ministre de l'intérieur ;

2° Tous les régisseurs des fermes expérimentales, sur les présentations du ministre de l'agriculture.

147. Le connétable nomme :

1° Les directeurs des arsenaux, des fabriques d'armes, des projectiles, des poudres, des boulets, etc. ;

2° Les professeurs des écoles militaires, sur les présentations des ministres de la guerre et de la marine.

148. Le censeur forme le petit-conseil de censure, sur les présentations des membres du grand-conseil. Il nomme aussi les professeurs de philosophie de la Sorbonne, du Collége de France, des académies, des lycées, etc. ; les doyens des diverses facultés et les proviseurs des lycées et des colléges, sur les présentations du ministre de l'instruction publique.

149. Les nominations à toutes les places supérieures, sur les présentations des dignitaires ou des ministres compétens, sont réservées au prince.

NOMINATIONS FAITES PAR LES MINISTRES.

150. Les maires et les adjoints des villes, qui ne sont point chef-lieu d'arrondissement, où ne siége pas un tribunal de Ire instance et dont la population est

au-dessus de trois mille âmes, sont nommés par le ministre de l'intérieur, sur les présentations des préfets.

151. Les professeurs des diverses facultés et des lycées, autres que ceux de philosophie, et les instituteurs primaires, sont nommés par le ministre de l'instruction publique, sur les présentations des recteurs, des doyens ou des proviseurs.

NOMINATIONS FAITES PAR LES PRÉFETS.

152. Les maires et les adjoints des villes et des villages, d'une population au-dessous de trois mille âmes, sont nommés par les préfets, sur les présentations des conseils municipaux, approuvées par les sous-préfets, ou par les conseils de préfecture dans les arrondissemens qui sont privés de sous-préfet.

153. Une loi déterminera les nominations aux emplois dont il n'est point parlé dans la présente Constitution.

NOMINATION PAR LE SORT DE LA HAUTE-COUR OU DU POUVOIR CONSERVATEUR.

154. La haute-cour sera composée d'autant de conseillers qu'il y a en France ou dans ses colonies de cours d'appel ou de cassation.

155. Chacune de ces cours présentera des candidats sur lesquels le sort, tiré par le prince, désignera celui qui devra en faire partie.

156. Le conseiller qu'aura présenté la cour de cassation sera premier président.

157. La haute-cour nommera ses autres présidens, ainsi que son procureur-général, ses substituts, son avocat-général, et ses...

TITRE V. — Des Fils du Prince.

DE L'ÉDUCATION DE LA FAMILLE DU PRINCE.

158. Tous les fils du prince et ses héritiers présomptifs seront soumis à un même système d'éducation.

159. Des prix seront accordés par la loi aux auteurs des meilleurs ouvrages pour cette éducation.

160. Les élèves au-dessus de douze ans devront subir des examens, tous les ans, sur les sujets qui y seront traités, en présence d'une commission composée d'un député de la chambre-haute, d'un député des assemblées nationales, nommé par les doyens de ces assemblées, d'un membre du grand-conseil de censure, de trois membres du conseil militaire, de cinq membres du conseil académique de Paris, du président de la haute-cour, du préfet de la Seine, et présidée par le député des assemblées nationales, et, en son absence, par un membre du conseil académique.

161. Cette commission insérera, dans un registre, son sentiment sur la science et sur les progrès de l'élève.

162. A l'âge de dix-huit ans, chaque élève subira un examen, en présence du grand-conseil de censure, du conseil militaire, du conseil académique de Paris, d'une députation de la chambre-haute et des assemblées nationales, et lorsque, dans cet examen, il ne répondra point aux espérances données par la commission des examinateurs, le conseil de censure se fera représenter le registre où chacun d'eux aura précédemment écrit

son sentiment, et flétrira ceux qui se seront rendus coupables de flatterie. Il pourra les destituer de leurs fonctions, et les déclarer indignes d'occuper à l'avenir des emplois publics.

163. Les gouverneurs, dont les élèves répondront aux espérances de la nation, seront membres honoraires du grand-conseil de censure, quoique âgés de moins de cinquante ans, auront une place distinguée dans les temples, dans les salles de théâtre, et siégeront, dans les grandes cérémonies, à côté des dignitaires.

DE LA MINORITÉ ET DE LA RÉGENCE.

164. Le plus proche parent mâle du prince est régent, s'il a lui-même trente ans accomplis, s'il n'est point privé de ses facultés intellectuelles et s'il n'a point été flétri par la censure.

165. Le régent ne peut rien ordonner sans l'approbation d'un conseil de régence. Il ne doit point négliger ce qu'a voulu ce conseil, qui sera composé de neuf membres, savoir : les doyens de la chambre-haute, du conseil-d'Etat, du conseil de censure, du conseil militaire, les premiers présidens de la haute-cour, de la cour de cassation, de la cour des comptes, le préfet de Paris et un représentant de la nation, nommé par quatre-vingt-dix députés doyens des assemblées nationales. Celui-ci ou, en son absence, le doyen du conseil de censure, présidera ce conseil.

166. Tous les membres du conseil de régence seront remplacés pendant la minorité, et jusqu'à ce que le prince ait vingt-cinq ans accomplis.

167. La majorité du prince est fixée à vingt et un ans ; mais il ne pourra rien ordonner ni faire aucune nomination que du consentement du régent et du conseil de régence avant vingt-cinq ans.

168. La régence peut être nécessaire après la grande majorité de vingt-cinq ans, mais elle ne continue qu'autant que la proposition en ayant été faite à la chambre-haute, celle-ci l'a jugée indispensable.

DU MARIAGE DES FILS DU PRINCE.

169. Les fils du prince ne peuvent se marier qu'avec l'approbation de la chambre-haute et d'une députation composée des doyens des assemblées nationales.

170. C'est avec les filles des hommes les plus recommandables par les talens, les habitudes, le caractère et l'estime de leurs concitoyens, qu'on devra faire en sorte de marier les fils du prince, qui ne pourront contracter cet engagement avant l'âge de vingt-cinq ans, sans le consentement de leur père ou du régent.

TITRE VI. — Du jugement du prince et des grands-dignitaires après leur décès, et de leur sépulture.

171. Le prince et les grands-dignitaires seront jugés, après leur décès, par le censeur et le conseil de censure qui, après avoir formé d'abord un tableau des vertus que l'Etat doit désirer et des vices qu'il peut craindre dans un prince ou dans un dignitaire, émettront chacun leur opinion tacitement et par boules

blanches ou par boules noires, et lorsqu'il y aura accord
de cinquante boules noires sur un des vices de celui
qu'on jugera, il sera exclus de la sépulture des bons,
à moins que ce jugement ne soit modifié par des boules blanches qu'on aura accordées ensuite à une vertu
désirée; alors il sera ignoré, et le prince ou le dignitaire
ne sera point exclu de la sépulture des bons.

172. Si le premier jugement des vices n'est point
modifié par celui des vertus, il sera publié, transmis
par l'histoire à la postérité, et gravé sur le marbre qui
renfermera les restes du prince ou ceux des grands-
dignitaires.

173. Aucun éloge ne sera permis en faveur du
condamné.

TITRE VII. — Suffrages accordés à la présente constitution et révision.

SUFFRAGES.

174. La présente Constitution sera soumise à l'approbation ou au rejet de tous les citoyens français, âgés
de vingt-cinq ans accomplis, qui savent lire et écrire,
et qui ne sont ni faillis, ni condamnés à des peines
infamantes.

175. Avant le 1er mai, les votans se seront fait inscrire
à leur mairie, où ils auront fait preuve de leur âge et de
leur capacité.

176. Du premier du mois au 5 inclus, depuis six heures du matin jusqu'à six heures du soir, les votans signe-

ront leur nom sur un registre, et voteront par boules blanches ou par boules noires.

177. Tous les soirs après six heures, le recensement des votes sera fait publiquement par le président et par les scrutateurs de ces assemblées, après avoir vérifié si le nombre en est conforme à celui des signatures, inscrit sur un registre particulier et signé par les membres du bureau.

178. Au bout de cinq jours, le recensement général, soit des votans, soit des votes, sera fait et envoyé au gouvernement qui fera imprimer, en nombre supérieur à celui des communes, tous ces recensemens avec les noms des communes et des votans, et les rendra publics.

RÉVISION.

179. Une assemblée de dix membres de la chambre-haute, de quatre-vingt-dix membres des assemblées nationales, du dixième du conseil du prince, tous désignés par le choix, et des dignitaires, présidée par le prince, examinera, tous les cinq ans, s'il serait avantageux d'établir quelque institution nouvelle, ou de ré-former quelque institution existante dans la Constitution.

180. Les réformes qui seront jugées nécessaires seront soumises au conseil du prince et aux deux branches du corps législatif.

181. Il suffira qu'un de ces corps les juge utiles pour qu'elles soient proposées à la sanction nationale qui ne leur sera acquise que par les trois cinquièmes des suffrages de chacun des trois corps, à commencer par le conseil du prince.

182. Aucun article de la présente Constitution ne pourra être changé avant d'avoir subi l'épreuve de l'expérience.

183. Quant aux lois de simple législation, la réforme en devra être proposée par le prince ou la chambre-haute, et la proposition devra être accompagnée de leur avis, et ne pourra avoir force de loi qu'après avoir été approuvée par les assemblées nationales à une majorité des trois cinquièmes des suffrages, ou à une simple majorité pendant trois sessions consécutives.

MOTIFS

DE LA

CONSTITUTION QUI PRÉCÈDE.

TITRE Ier. — Des Droits et des Devoirs du citoyen.

DROITS.

Ce n'est point d'après les droits de l'homme sauvage que doivent être déterminés ceux de l'homme civilisé. Dans l'état de nature, il n'y a de droits que celui de la force ; la volonté n'est contrariée que par la faiblesse, et tous les hommes du même âge sont à peu près égaux, mais il n'y a ni sûreté ni propriété.

Dans la société, tous les droits sont déterminés par des lois, des usages, des caprices : l'enfant naissant est d'abord emmaillotté dans des langes ; plus tard, il est soumis aux volontés de ses parens, de ses instituteurs, de ses maîtres ; plus tard, au recrutement et à la discipline militaire ; plus tard, à une foule de devoirs qu'imposent les lois, la religion, les bienséances, la volonté des supérieurs, l'autorité des maîtres.

Jérémie Bentham a démontré que toute loi était contraire à la liberté, qui, selon Montesquieu, « ne consiste pas à faire ce que l'on veut, et ne peut consister, dans une société où il y a des lois, qu'à pouvoir

4

faire ce que l'on doit vouloir, et à n'être point contraint de faire ce que l'on ne doit pas vouloir. Si un citoyen, ajoute-t-il, pouvait faire ce que les lois défendent, il n'aurait plus de liberté, parce que les autres auraient tout de même ce pouvoir. »

Les hommes civilisés diffèrent entre eux par la force du corps et celle de l'âme, par la sensibilité, les sentimens, la mémoire, les idées, l'esprit, les goûts, les connaissances, le caractère, les habitudes, l'instinct, la délicatesse, les maladies, l'adresse, l'industrie, le crédit, la fortune, les désirs, les volontés, les vertus, les vices, etc. ; en un mot, la liberté et l'égalité sont en raison inverse de la civilisation ; mais d'elle naît la propriété qui, sous peu d'exceptions, donne le droit d'user, d'abuser, d'échanger, de transmettre, soit par donation, soit par testament, ce qui en est l'objet ; de faire ce qui ne peut nuire à la société, ni troubler la tranquillité et la liberté d'autrui.

De la civilisation naît aussi la sûreté, garantie donnée par la société des droits qu'elle accorde, et par laquelle sa puissance intervient, soit pour arrêter, soit pour punir ceux qui les attaquent.

Cependant, il y a des écrivains qui considèrent la propriété comme un vol, et qui voudraient la liberté la plus licencieuse et l'égalité absolue ; qui affectent du mépris pour le don le plus précieux de la civilisation, duquel l'homme obtient de nombreuses jouissances, par lequel il s'affranchit de bien des douleurs, sans lequel il n'oserait ni amasser dans les beaux jours de quoi se nourrir dans la mauvaise saison, ni se loger, ni s'habiller, entreprendre aucune de ces merveilles qui ont changé et embelli la surface du globe ; son intelligence ne se fût point développée, les sciences et les arts fussent restés inconnus, et aucun de leurs miracles, trop nombreux pour que j'essaie de les rappeler, ne se fût opéré.

La propriété peut être quelquefois le produit d'un vol, mais le plus souvent elle ne l'est pas ; presque toujours elle est le fruit du travail qui ordinairement n'est pas un vol.

De quel prix seraient cette liberté et cette égalité que l'on réclame si la propriété ne leur en donnait aucun ?

On a vu des hommes pressés par la faim se vendre ; que seraient-ils devenus si personne n'eût pu les secourir ?

Croit-on que si la terre n'était point cultivée, elle produirait également et pourrait nourrir le même nombre d'habitans ? Non. L'Europe et l'Asie seraient moins peuplées que ne le fut autrefois l'Amérique ; et l'espèce humaine y serait plus rare que celle des singes qui vivent du travail de l'homme.

Ce n'est point pour se priver des droits que la propriété confère, que certains écrivains l'attaquent ; ils veulent la déplacer, s'en emparer et profiter ainsi des travaux des hommes laborieux.

« Si tous les biens étaient partagés également, la conséquence sûre et prompte, c'est qu'il n'y aurait plus rien à partager ; tout serait bientôt détruit, et ceux qu'on aurait cru favoriser ne souffriraient pas moins du partage que ceux aux dépens desquels il se serait fait. Si le lot de l'industrieux n'était pas meilleur que celui du paresseux, il n'y aurait pas de motif de l'industrie. »

Jérémie Bentham.

La propriété, c'est la récompense du travail. L'homme est maître de son travail. La société lui en assure les produits, et afin de l'engager à cultiver la terre, elle lui donne des droits sur celle où il a semé du blé, des légumes, des arbres, ou construit sa maison, afin qu'il puisse se nourrir et se loger, ainsi que sa famille, récompenser de ses produits ceux qui l'ont aidé, qui lui ont fourni des outils pour tous les travaux de l'agriculture, obtenir par échange des souliers, des chapeaux, des habits, etc., donner un refuge à celui qui en est privé et qui meurt de froid, offrir une retraite à celui qui s'est égaré.

Pour le bien général, la loi dit à l'homme : Travaille et je t'assurerai le fruit de ton travail en arrêtant la main qui voudrait le ravir.

« C'est le droit de propriété qui a vaincu l'aversion naturelle du travail, qui a donné à l'homme l'empire de la terre, qui a fait cesser la vie errante des peuples, qui a formé l'amour de la patrie... Si on bouleversait la propriété dans l'intention directe d'établir l'égalité des fortunes, le mal serait irréparable : plus de sûreté, plus d'industrie, plus d'abondance. La société retournerait à l'état sauvage d'où elle est sortie..... La propriété et la loi sont nées ensemble et mourront ensemble. Avant la loi, point de propriété ; ôtez la loi, toute propriété cesse. »

Jérémie Bentham.

L'égalité de fortune est un rêve dont la réalisation, si elle était possible, n'aurait jamais une seconde de durée ; car l'état numérique de la population change sans cesse. Tel mariage ne donne point d'enfans, tel autre en donne dix et quelquefois davantage.

Hors de la propriété, il n'y a qu'une extrême misère et une affreuse dépopulation.

Comme l'homme est la continuation de son père et de sa mère, il s'ensuit que celui qui a des enfans ne meurt pas tant qu'ils se reproduisent, et que la propriété du père est celle du fils. La loi de l'hérédité est donc une loi naturelle, et bien souvent on ne pourrait refuser à un fils sa part des biens de son père sans lui ravir le fruit de son travail. D'ailleurs, on ne saurait empêcher un père de transmettre à son fils sa fortune mobilière qui est l'expression ou la représentation d'une fortune immobilière.

Le droit de propriété est le plus grand bienfait de la civilisation ; on ne peut le méconnaître sans attaquer la société dans son principe. La loi ne doit même priver un citoyen de sa propriété immobilière qu'en lui donnant une indemnité ; car la propriété des immeubles est aussi sacrée que celle des meubles, puisque souvent l'une provient d'un échange fait avec l'autre, ou avec la monnaie, représentation commune de l'une et de l'autre ; si elle ne l'était pas, il y aurait un avantage réel à n'avoir que des meubles.

L'écrivain qui attaque la propriété est donc un ennemi de la loi et de la société, puisque sans elle il n'y aurait ni société ni loi.

La loi peut établir des différences politiques entre les citoyens. L'égalité parfaite est une chimère qui n'a jamais existé dans les Etats civilisés et qui n'y existera jamais. La loi peut admettre des distinctions, des priviléges, mais elle doit poser elle-même les bornes de l'inégalité qui est devenue son ouvrage et qui ne doit jamais les franchir.

Les distinctions doivent être la récompense du mérite ou des services rendus à l'Etat, et il est bien des circonstances où il peut être avantageux qu'elles soient héréditaires. De l'hérédité des récompenses naît souvent celle des vertus qui les ont méritées, surtout si l'on sait se défendre des abus qui peuvent naître des alliances, des passions, des relations et des vices de l'éducation.

Cette transmission du privilége devrait finir lorsque finiraient les qualités qui l'auraient acquis ; lorsque, au lieu d'une vertu saillante, des vices remarquables déshonoreraient celui dont les ancêtres l'auraient acquis ; mais il faut des juges pour en prononcer l'extinction.

Si la loi accorde des distinctions à l'homme riche, comme étant essentiellement intéressé au maintien de l'ordre et pouvant contribuer à l'établir et à le maintenir, ne doit-elle point en exiger des sacrifices particuliers, et la répartition de l'impôt ne doit-elle point être subordonnée à celle de l'égalité civile ? Y aurait-il des inconvéniens à mettre à contribution l'orgueil des riches et à compenser par certains emplois les sacrifices pécuniaires qu'on en exigerait ? Il me paraît que cette inégalité fournirait au chef du gouvernement le moyen de récompenser le mérite en lui accordant expressément les faveurs réservées à la fortune. N'est-il pas de toute justice que, dans les besoins extraordinaires qu'occasionne la guerre, les riches, qui n'offrent que peu de bras à l'Etat, soient tenus de lui fournir en représentation des moyens pécuniaires? La guerre doit-elle peser exclusivement sur la classe la moins intéressée à la chose publique? Il y aurait évidemment une perte réelle pour l'Etat à permettre la cumulation des grandes propriétés sur une même tête, si ces propriétés ne devaient être soumises, en temps de guerre, qu'à l'impôt proportionnel ; car si elles étaient divisées, outre cet impôt, elles nourriraient de nombreux citoyens dont les bras et le courage défendraient l'Etat dans le péril. On aurait beau dire que leur produit contribue également à nourrir des hommes, soit qu'elles appartiennent à un seul ou à plusieurs : il est reconnu que, par la division, la propriété favorise la population et attache à la patrie ceux qui la possèdent. Mais si les intérêts de l'agriculture s'opposent au morcellement des propriétés, proposition qui a été suffisamment démontrée, ceux de l'Etat et l'équité veulent que les grands propriétaires soient soumis à des contributions extraordinaires lorsque la patrie est menacée.

Dans les commencemens de la monarchie, les plus riches citoyens s'étaient exemptés du service militaire. Mais Charlemagne, frappé des inconvéniens qu'il y avait de confier la défense de l'Etat à des hommes qui ne prenaient aucun intérêt à la fortune publique, fit régler par l'Assemblée de la nation qu'il faudrait au moins posséder trente-six arpens de terre pour être obligé de faire la guerre en personne et à ses frais. N'avait-on que vingt-quatre arpens, on se joignait à un citoyen qui en possédait douze. Trois hommes qui n'avaient que douze arpens chacun s'associaient de même, et enfin six hommes qui n'avaient que six arpens chacun ne fournissaient ensemble qu'un soldat. Au-dessous de six arpens, on était exempt de tout service et de toute charge militaire.

DEVOIRS.

Si la civilisation donne des droits, elle impose des devoirs ; et celui qui ne veut pas s'en acquitter n'est pas digne de jouir de ses droits.

Le citoyen doit à l'Etat :

Le paiement des contributions ;

Le respect des lois et de l'autorité ;

Celui des bonnes mœurs et de la tranquillité publique ;

Des votes consciencieux dans les élections.

On ne peut être citoyen de deux Etats différens, car le citoyen se doit tout à sa patrie, et deux Etats peuvent être divisés par une guerre ; or, un homme ne peut servir dans deux armées à la fois.

Celui qui accepte d'un prince étranger une récompense honorifique lui doit de la reconnaissance et peut n'être pas disposé à servir son pays contre lui ; mais lorsqu'il est autorisé par son prince à accepter une récompense, c'est aussi à son prince qu'il la doit, et il est censé qu'il ne la reçoit que dans la supposition que les deux princes ne se brouilleront jamais. Aucun sentiment ne le détourne de son devoir.

TITRE II. — Système politique.

« Quand, dans un même Etat, vous établissez l'autorité du prince, des grands et du peuple, l'une de ces puissances a l'œil sur l'autre. »

MACHIAVEL.

Les anciens connaissaient trois systèmes politiques : la monarchie, l'aristocratie et la démocratie, et chaque Etat était gouverné par l'un ou par l'autre, suivant qu'il était ou grand, ou riche et instruit, ou pauvre et petit.

Mais aujourd'hui, en France du moins, il paraît qu'un bon gouvernement doit être à la fois démocratique, aristocratique et monarchique.

Le patriotisme, l'intelligence des habitans, le morcellement des terres, la concentration de l'industrie et la division du travail appellent la démocratie.

La richesse, l'illustration et l'instruction de plusieurs d'entre eux réclament l'aristocratie.

Leur nombre, leur mésintelligence, leur ambition désordonnée, une longue habitude, le souvenir de l'ordre dont on a joui sous l'Empereur et du désordre qui a souillé nos deux républiques font sentir le besoin d'une monarchie.

La nation française est souveraine et, en général, elle possède plus ou moins toutes les facultés humaines.

Cependant sa partie démocratique est principalement soumise aux sensations, aux sentimens et aux désirs ;

Sa partie aristocratique, à l'imagination, à la raison et à l'ambition.

Sa partie monarchique a spécialement de la volonté, de la mémoire et des connaissances.

Il y a trois pouvoirs en France : le pouvoir législatif, le pouvoir exécutif et le pouvoir conservateur.

Le pouvoir législatif est à la fois démocratique, aristocratique et monarchique.

Comme démocratique, il est représenté par des assemblées nationales ; comme aristocratique, par une chambre-haute ; comme monarchique, par le conseil du prince.

. Ce conseil discute, coordonne, prépare les lois.

Par la volonté de la chambre-haute, si elle n'est point contrariée par celle des assemblées nationales, la loi est soumise à l'épreuve de l'expérience. Les assemblées nationales, qui représentent la grande majorité de la nation, peuvent la rejeter, l'adopter ou permettre qu'elle subisse cette épreuve.

Le pouvoir exécutif fait exécuter les lois, les promulgue, poursuit, juge et punit ceux qui les enfreignent, sans intention de les détruire, défend l'État contre ses ennemis externes ; mais il se divise en plusieurs branches, et chaque branche en plusieurs rameaux.

Le pouvoir conservateur, ou la haute-cour, juge tous ceux qui entreprennent arbitrairement de changer les lois, qui provoquent la désobéissance à ce qu'elles ordonnent, qui insultent ou outragent l'autorité, et leur applique les peines que le pouvoir législatif a déterminées et que le pouvoir exécutif doit faire subir. Elle juge aussi tous les différends qui peuvent exister entre les particuliers et les corps législatif et exécutif, et toutes les causes où il y a plainte d'un déni de justice.

J'ai cru que la nomination de la haute-cour ne devait dépendre entièrement de personne. Elle sera donc faite par le sort, tiré par le prince, sur la présentation de trois sujets pour un conseiller par chacune des cours, soit d'appel, soit de cassation. Par ce moyen, il n'y aura aucun pouvoir au-dessus d'elle, et elle n'aura pas besoin de jury.

TITRE III. — Droits et Devoirs de l'autorité.

POUVOIR LÉGISLATIF.

La nation française ne peut point délibérer elle-même sur ses intérêts, car, lors même qu'elle s'assemblerait périodiquement dans cette intention, elle ne prononcerait que d'après le sentiment de ses principaux citoyens. Il est donc beaucoup plus simple qu'elle s'en rapporte à eux et leur délègue son pouvoir. C'est donc par une représentation nationale que les lois doivent être adoptées ou rejetées ; c'est par l'entremise de cette représentation que la nation doit exercer son droit de souveraineté.

Les connaissances nécessaires pour des lois sont trop au-dessus de la portée des hommes qui n'ont aucune instruction, pour qu'ils puissent juger eux-mêmes de ceux qui les possèdent. Il faut donc encore que le peuple s'en rapporte, du choix de ses représentans, à ceux qu'il consulterait, d'ailleurs, s'il devait faire ce choix lui-même.

C'est au nom de l'égalité qu'on établit l'inégalité lorsqu'on permet aux hommes robustes, mais peu instruits, des dernières classes de la société d'aspirer à des honneurs qu'ils n'ambitionnent point, qu'on ne leur décerne jamais, ou à des emplois dont ils sont toujours écartés, et que, d'ailleurs, ils ne peuvent remplir, et qu'en même temps on soumet les riches, affaiblis par le luxe, à concourir personnellement au recrutement des armées, auquel ils ont presque toujours les moyens de se soustraire.

Ceux qui n'ont que des bras n'ont rien à voir au maniement des affaires, et ceux qui n'ont qu'une faible constitution ne valent rien pour celui des armes.

Accordez à celui qui a reçu une éducation, qui est instruit, qui est intéressé à établir ou à maintenir l'ordre, le droit de rendre la justice ou d'administrer les provinces, et faites-lui payer ce privilége, dispensez-le du service militaire et faites-lui payer cette immunité par le double de ses contributions, s'il est nécessaire; promettez l'argent qu'il vous donne, pour avoir le droit de vous bien gouvêrner et se dispenser de vous mal servir, à celui qui est en état de vous bien défendre, pour prix des services qu'il vous aura rendus; achetez-lui des terres, qu'il devienne propriétaire à son tour, que la certitude d'être riche un jour, s'il ne l'est déjà, s'il combat vaillamment, s'il est docile aux ordres de ses chefs, l'attire dans la carrière des hasards que l'espérance seule fait souvent parcourir avec joie, et c'est ainsi que, les mettant chacun à sa place, vous établirez l'égalité civile qui consiste à faire contribuer chacun selon ses moyens. L'Etat y gagnera et les citoyens aussi; tout le monde sera content.

Défiez-vous de celui qui n'a rien; ce n'est qu'autant que l'on est propriétaire ou que l'on veut le devenir par des moyens honorables, ce n'est qu'alors, dis-je, que l'on offre une garantie suffisante pour la défense de la propriété.

« Quelques-uns trouveront peut-être injuste ou peu libéral de priver du droit de suffrage ceux qui ne paient point d'impôt ; mais ils changeront d'avis, s'ils y pensent sérieusement.

» Premièrement, cette privation est un corollaire du principe incontestable que la société civile ne peut vivre sans l'impôt.

» Cependant, elle ne renvoie point ceux qui ne lui paient rien ; elle se borne à ne pas leur reconnaître le droit de nommer des députés. »

M. l'abbé R....

Il importe que la représentation nationale soit nombreuse, si l'on veut que sa volonté se rapproche de la volonté générale. Je ne vois dans une représentation peu nombreuse qu'un fantôme trompeur qui inspire à la nation une fausse sécurité sur la conservation de ses droits. On doit craindre que le représentant ne substitue sa volonté à la volonté nationale ; il est facile au gouvernement de s'assurer de quelques orateurs, de quelques chefs de coteries, et, à l'exception d'un petit nombre d'hommes incorruptibles, les autres laissent rarement échapper l'occasion de faire remarquer aux agens du gouvernement combien ils leur sont dévoués.

Une nation qui se croit bien représentée par un petit nombre de députés, s'abuse aussi complètement qu'un roi qui juge de l'amour de ses peuples par le grand nombre de ses courtisans.

Cependant, comme on ne peut exiger que les représentans abandonnent leurs affaires, qu'ils se rendent tous les ans à Paris et y fassent un long séjour, sans leur accorder une indemnité suffisante, une représentation nombreuse nécessiterait de grandes dépenses et produirait d'autant plus de confusion qu'elle serait plus nombreuse. L'ordre et l'économie semblent donc s'opposer à cette institution, vrai *palladium* de la liberté. Mais est-il bien nécessaire que la représentation nationale se rende annuellement à Paris? que les représentans aillent oublier les vœux de leurs commettans dans ce séjour de toutes les séductions, où, loin des yeux de leurs compatriotes, à l'abri de leur censure, retenus souvent par la mauvaise honte, entraînés quelquefois par les chefs de parti, ils deviennent ou le jouet ou les complices des factieux et des intrigans, et obéissent servilement à la volonté des ministres dont ils ambitionnent un regard? Pourquoi ne s'assembleraient-ils pas dans le chef-lieu de leur département? Il y aurait autant d'assemblées que de départemens, il est vrai; mais serait-ce un mal? Ne serait-ce point, au contraire, la bonne manière de connaître l'opinion publique ou la volonté nationale, que de la recueillir sur les lieux même de sa naissance? Dans les nombreuses réunions qui se forment à Paris, on pense rarement par soi-même, on ne voit que par les yeux de quelques meneurs, on ne comprend que par leur entendement, on est entraîné par la foule, les applaudissemens commandés égarent l'opinion, on n'ose braver des murmures, tandis que, dans leur département, les membres de la représentation nationale seraient dépendans de l'opinion publique et n'oseraient la contredire.

Eh quoi! me dira-t-on, voulez-vous que tous ces corps isolés préparent de concert des projets de loi, ou faudra-t-il qu'ils discutent ceux qui leur seront présentés par le gouvernement, qu'ils se feront peut-être un plaisir de rejeter pour faire preuve de leur toute-puissance? Quel sera le foyer où doivent se réunir toutes les sensations qui forment l'intelligence ? Où sera le lien de cette république fédérative qui en maintiendra l'accord, l'ensemble, l'unité ?

Ces questions suffisent à démontrer qu'il faut, outre la représentation nationale, chargée d'émettre la volonté de la nation sur les projets de loi, une chambre qui ne les admette qu'après les avoir examinés, discutés ou amendés, s'il est nécessaire, avant de les soumettre aux assemblées nationales.

Cette chambre sera l'intelligence à laquelle aboutissent toutes les sensations, qui connaît tous les besoins et les moyens de les satisfaire. Composée d'un petit nombre de députés, nommés par la représentation démocratique, elle prendra le nom de chambre-haute, parce qu'il faudra payer 1,000 fr. au moins de contributions pour y être admis. Ce sera la représentation aristocratique. Elle se réunira tous les ans au centre de l'Etat, loin des influences du gouvernement et du foyer de nos révolutions, et y recevra les projets de loi préparés par le conseil du prince, que Sieyès, dans sa Constitution, considérait, sous le nom de conseil d'Etat, comme faisant partie du pouvoir exécutif.

Il est de l'intérêt des Français, et surtout des Parisiens, que les assemblées législatives ne se réunissent pas à Paris, car il est impossible d'y assurer une parfaite liberté à la représentation nationale, sans une armée pour y maintenir la police. Or, les armées ne peuvent faire de longs séjours dans les grandes villes sans y devenir indisciplinées.

De trop fréquentes expériences confirment cette vérité pour que l'on puisse la méconnaître.

La chambre-haute et le gouvernement auront à s'entendre sur les projets de loi présentés par le conseil du prince, sur les amendemens qu'ils voudront y faire avant de les soumettre aux Assemblées nationales qui devront les adopter ou les rejeter sans amendement, mais non sans discussion.

Les résultats des scrutins de ces assemblées seront adressés à la chambre-haute qui en fera le recensement.

Sera censé non adopté le projet qui n'y aura obtenu qu'une majorité inférieure à celle qu'auront demandée le prince et la chambre-haute, mais il ne sera point pour cela considéré comme rejeté ; il aura force de loi pendant un an, après quoi il sera renvoyé aux assemblées nationales , avec de légers changemens , s'il est nécessaire , et s'il n'y est point adopté à une majorité suffisante , il sera retiré et ne pourra être représenté qu'après trois ans. C'était à peu près ainsi à Rome et à Athènes , et Montesquieu le trouve très sage.

Pour éviter les dangereux effets de l'inconstance dans les déterminations des premières autorités , je voudrais que la chambre-haute fût renouvelée tous les six ans, et que les électeurs du 2e degré et les assemblées nationales fussent renouvelés par tiers tous les trois ans , c'est-à-dire qu'un tiers fût remplacé ou réélu au bout de trois ans , un second tiers au bout de six , et le troisième tiers au bout de neuf. Le sort désignerait les deux premiers tiers sortans.

Les époques de ces élections périodiques sont déterminées par la Constitution , afin qu'elles ne soient jamais dépendantes d'aucune autorité.

Si l'on veut obtenir de belles et grandes conceptions, il ne faut point attendre que le feu brillant de l'imagination soit éteint.

C'est pourquoi je voudrais que, pour être membre des assemblées nationales, il fallût avoir au moins quarante ans, et que l'on pût être membre de la chambre-haute après vingt-cinq.

Comme il ne conviendrait point de donner une trop grande influence aux propriétaires au préjudice des autres classes de la société; comme il suffit, d'ailleurs, d'une bonne précaution et qu'on ne doit pas craindre de mauvais choix d'un corps intéressé à n'en faire que de bons; comme, en outre, il faut, pour juger de ce qui convient à un Etat, être favorisé de la nature plutôt que de la fortune, avoir de la capacité et de l'instruction, qualités qui se trouvent surtout parmi tous les hommes qui doivent à leurs talens une heureuse existence, il convient de laisser aux électeurs une grande latitude. J'ai voulu cependant qu'on ne pût prendre les membres de la chambre-haute que parmi les citoyens qui payaient à l'Etat une forte cote de contributions directes, 1,000 fr., par exemple, car il importe de les soustraire aux influences du gouvernement; et, d'ailleurs, il faut qu'un grand intérêt à la chose publique soit un contre-poids à la force de l'imagination et compense le défaut d'âge.

Voulant affaiblir l'intérêt personnel des candidats qui trouble souvent les élections et s'oppose à de bons choix; voulant, en outre, que mon système ne soit point inconciliable avec une saine économie, je me borne à défrayer convenablement les membres des assemblées nationales. Je leur donne 15 fr. par jour. Quant à ceux de la chambre-haute , ils n'auront d'autre indemnité que l'honneur attaché à leur emploi.

Lorsque le peuple délibère sur les lois générales , il envisage plutôt les résultats que les moyens. Avant de décider si une chose lui convient , il doit savoir ce qu'elle lui coûtera ; il est dans l'ordre , par conséquent, que le budget général lui soit présenté , afin qu'il connaisse et l'emploi de ses deniers , et quelles sommes on lui demande pour exécuter ce qu'on lui propose ; il a le droit d'accorder ou de refuser les fonds , comme il a celui de commander les entreprises ou de s'y opposer. Mais l'exercice de ce droit doit être borné aux entreprises nouvelles ; car pour celles qui ont été précédemment ordonnées , ainsi que pour toutes les dépenses qui sont une suite des lois existantes , il ne doit point mettre en délibération si les fonds qu'elles demandent seront accordés.

En décrétant l'impôt par ses représentans , le peuple ne fait que sanctionner ce qu'il a déjà voulu , et il ne doit s'occuper ni des dépenses nécessaires à l'exécution des lois préexistantes , ni de l'exécution de ces lois.

Ainsi , lorsque le gouvernement soumet le budget général aux assemblées départementales , c'est afin de les rendre témoins de sa bonne administration des fonds publics , et de les mettre en état de prononcer sur les lois nouvelles qu'on leur propose , en leur rappelant les dépenses auxquelles le peuple est déjà tenu d'après les lois existantes ; mais il n'est pas d'autorité qui doive s'opposer à la levée des fonds ordinaires, attendu qu'il n'appartient qu'au peuple assemblé de changer la Constitution de l'Etat qui détermine de quelle manière les lois peuvent être rapportées. Lorsqu'on prétend qu'une assemblée représentative tient les cordons de la bourse, on dit un mot vide de sens, qui ne signifie autre chose sinon qu'elle a le droit de ne point approuver les lois nouvelles qu'on lui propose, car on ne pourrait étendre davantage le sens de ces mots sans dire une absurdité, sans prétendre qu'une assemblée de représentans a le droit de changer la Constitution quand il lui plaît, lorsque cette Constitution ne permet point de rapporter les lois par les formes employées pour les créer.

Je mets donc en principe qu'en proposant une loi, on doit déclarer en même temps quelles dépenses elle nécessitera, soit perpétuellement, soit pour un temps déterminé. Mais, lorsque la loi est approuvée, la levée des fonds est nécessairement à la charge du pouvoir exécutif, qui, il est vrai, ne doit point se permettre des dépenses plus fortes que celles qui ont été approuvées en même temps que la loi, sans une autorisation spéciale des assemblées nationales, qui ne doivent délibérer que sur ces dépenses, et qui, si elles les refusent, doivent demander qu'il soit procédé au rapport de la loi qui les nécessite, car il ne doit point y avoir de loi dans l'oubli. En un mot, l'impôt n'est qu'une suite de la loi.

Eh quoi! me dira-t-on, le pouvoir exécutif, en proposant une loi, pourra-t-il impunément induire les assemblées nationales en erreur, en leur laissant ignorer toute l'étendue des dépenses qu'elle exigera, et les mettre ensuite dans l'alternative ou de consentir des dépenses extraordinaires, ou de ne tirer aucune utilité de celles qui auront déjà été faites?

Je conviens que cela peut arriver, en effet; mais, en ce cas, la chambre-haute serait aussi coupable que le pouvoir exécutif, puisque aucune loi n'est soumise aux assemblées départementales qu'accompagnée de l'avis et de l'approbation de l'une et de l'autre. Ce ne pourrait donc être considéré que comme une erreur excusable, car la chambre-haute est composée de citoyens des plus imposés.

Ayant donné de grands intérêts au pouvoir exécutif à éviter la guerre, il faut lui donner les moyens de la soutenir par des levées d'argent, lorsqu'elle devient inévitable ou nécessaire, sans être obligé de convoquer extraordinairement les assemblées nationales ; il ne faudrait pas même que ces assemblées, lors de leurs sessions périodiques, pussent s'opposer à ces levées. On remarquera qu'afin de prévenir de plus grands maux, nous avons créé la dictature, lorsque les besoins de la guerre forcent d'augmenter les contributions d'un quart, et qu'alors la chambre-haute est en permanence.

A qui appartiendra-t-il de prononcer sur la nature de l'impôt et sur sa répartition ? Confierons-nous ce droit aux assemblées nationales ? Non, car ce serait mettre évidemment l'intérêt personnel aux prises avec l'intérêt public ; ce serait rendre chacun juge dans sa propre cause ; les départemens riches en propriétés foncières écarteraient les impôts directs et voteraient des impôts indirects ; le contraire arriverait dans les départemens où le commerce et les manufactures formeraient les principaux moyens de fortune des habitans.

Ainsi, comme personne ne doit connaître les ressources de l'agriculture, des arts et du commerce, mieux que le pouvoir exécutif et la chambre-haute, je voudrais que le prince, d'accord avec le grand-économe et le grand-administrateur, présentât la loi sur la nature de l'impôt, par l'organe du ministre des finances, à la chambre-haute, et qu'elle fût respectée lorsque ce dernier corps l'aurait adoptée.

Si l'on fait attention au nombre des questions qui sont résolues tous les ans par les conseils-généraux des départemens, et à la célérité actuelle de la correspondance, on jugera que les opérations des assemblées nationales pourront être terminées dans de courtes sessions, et que l'organisation que je propose, quoique en apparence plus compliquée que celle qu'on a adoptée jusqu'à présent, n'en produira pas moins des résultats également rapides. Mais dussent-elles prendre plus de temps, ne serait-ce rien que d'être préservé de ces nombreuses révolutions qui compromettent la sûreté et la prospérité de la France?

POUVOIR EXÉCUTIF.

Lors même qu'il ne serait pas déjà démontré, d'après les principes proclamés par nos plus grands publicistes, qu'il est de l'essence des grands Etats d'être gouvernés par un seul; lors même que nous n'aurions point fait l'expérience du gouvernement de plusieurs, il suffit de connaître les mœurs de cette partie de la nation française qui fournirait les chefs d'un gouvernement aristocratique, pour se convaincre que l'intérêt public serait continuellement soumis aux influences de l'intérêt particulier, qu'il n'y aurait rien de stable, que le même système de gouvernement durerait à peine autant que l'autorité de ceux à qui il serait confié, que la France serait livrée à des agitations perpétuelles, non point pour la défense de la liberté , mais pour les intérêts de quelques ambitieux ; que la sûreté de l'Etat serait compromise , comme elle le fut du temps du Directoire , lorsque des intrigans sans mérite obtinrent la préférence , pour le commandement des armées , sur les hommes expérimentés et habiles , et qu'enfin nul n'ayant un intérêt assez pressant à bien gouverner , le gouvernement serait toujours plus occupé de ses affaires personnelles que de celles de l'Etat.

Le mot république est un mot vague , qui n'emporte avec soi d'autre idée que celle de la chose publique , au gouvernement de laquelle ceux qui s'intéressent le plus contribuent ordinairement le moins.

Nous avons vu paraître sur la scène politique nos hommes les plus marquans ; si chacun d'eux eût gouverné seul , peut-être aurait-il fait le bien ; mais , réunis, qu'ont-ils su faire ?

Peut-on espérer que , dans le gouvernement de plusieurs , l'homme de mérite sera toujours mis à sa place et que ses idées prévaudront sur celles des autres ? Non. Gardons-nous de livrer encore le vaisseau de l'Etat à la mer orageuse des passions. Les élémens d'un bon gouvernement démocratique sont trop rares parmi nous. Ils ne seraient jamais rassemblés.

Les mêmes motifs qui nous portent à croire que l'homme de mérite obtiendrait rarement les suffrages dans les élections , doivent nous convaincre des avantages d'un bon gouvernement héréditaire ; car , par un bon système constitutionnel d'éducation et autres moyens dont il sera parlé ci-après , on peut aussi réunir la vertu et la science au gouvernement héréditaire. La voie des élections ne permet pas des chances plus favorables, et l'on a évidemment de moins à craindre les troubles, les agitations, les haines, les vengeances, inséparables des intrigues ou de la lutte, soit des prétendans à la première place de l'Etat, soit de leurs partisans. Dans une monarchie élective, le chef de l'Etat est exposé sans cesse à des conspirations, et les princes les plus sages sont ceux qui règnent le moins long-temps.

Le gouvernement d'un seul entraîne avec soi de graves inconvéniens, il est vrai; faisons en sorte de connaître le mal, et nous verrons ensuite s'il est des moyens d'y porter remède.

Le monarque tend sans cesse à étendre ses droits, à substituer sa volonté à la volonté générale, et, arrivé au faîte de la puissance, les passions le conduisent bientôt à l'abus du pouvoir.

L'administration générale d'un empire comprend tant de parties qu'il est presque impossible que le même homme les aime, les entende et les régisse toutes également bien; s'il se passionne pour une, il néglige les autres; s'il ne se passionne pour aucune, il les néglige toutes.

Les fonds sont ordinairement détournés à l'avantage de la branche favorisée et au préjudice des autres.

Le fils abandonne ce qu'a entrepris le père. Il est rare que le même système prévaille pendant deux générations consécutives.

Les flatteurs ou les courtisans, habiles à connaître les passions ou le faible du prince, l'obsèdent, s'en emparent, écartent la vérité, le trompent, lui rendent suspects ses vrais amis ou ceux de l'Etat, président aux nominations et peuplent les administrations d'hommes nuls ou corrompus.

Cependant le prince, persuadé que ses sujets sont heureux, s'endort sur le trône, tandis que ses ministres, se jouant d'une vaine responsabilité, vexent le peuple, exercent des vengeances, prodiguent les trésors de l'Etat et se rendent souvent nécessaires par le chaos, par le désordre de leur département, auquel on les croit seuls capables de remédier.

Que si quelquefois le hasard fait paraître, sur la route des temps, quelqu'un de ces hommes extraordinaires dont le génie embrasse toutes les parties, qui suffit à tout et par qui tout prospère, ne serait-ce point le comble du délire de supposer que ce rare mérite se transmettra d'âge en âge à une nombreuse postérité? Qu'ont eu de commun Charlemagne, Hugues Capet, Henri IV, Cromwel, avec leurs descendans? Ce n'est point d'après le gouvernement d'un homme extraordinaire que l'on peut juger de la durée de ses institutions. Il n'est point de mauvais instrument entre les mains d'un grand maître; lorsque la force active est en excès, on aperçoit à peine la résistance de la force d'inertie; mais que la première s'affaiblisse, l'autre paraît invincible.

On doit supposer que le chef de l'Etat sera un homme ordinaire, et ne point exiger plus qu'on ne doit attendre de la médiocrité; et puisqu'il est rare de trouver un homme qui puisse suffire à toutes les branches de l'administration, il n'est qu'un seul parti, et c'est de les distribuer à plusieurs, sans renoncer cependant à ce système d'unité, à cette centralisation du pouvoir exécutif, si nécessaire dans un grand Etat.

Mais diviser le pouvoir, n'est-ce pas l'affaiblir?

Si le pouvoir est livré à un seul, plus il sera grand, plus d'ambition il excitera, et plus il sera facile de le détruire.

A quoi ont servi à Charles X et à Louis-Philippe l'étendue de leur pouvoir? Qu'ont pu les vainqueurs de juin contre la volonté des départemens qui leur ordonnaient de se retirer? N'avaient-ils pas à leur opposer le même général et les mêmes troupes qui les avaient rendus triomphans? A quoi servit autrefois aux empereurs romains le pouvoir qu'ils tenaient des gardes prétoriennes, ce pouvoir qui fut si redoutable entre les mains de Sylla?

L'habitude du respect et de la soumission n'est plus que dans l'armée. Y sera-t-elle long-temps encore, et pourra-t-on la lui rendre si elle la perd? O ma patrie! à quels dangers je te vois exposée!

L'ambitieux trompe ceux qui peuvent le servir. Il leur affirme qu'il est de leur intérêt de renverser le prince, de briser les trônes, d'établir l'égalité des fortunes, d'abjurer le travail, et ils le croient. Une circonstance non prévue du chef de l'Etat se présente, et ils la saisissent, leur nombre assure l'impunité et ménage le succès aux insurrections.

Si le pouvoir est divisé, ce succès est plus incertain et plus difficile. On ne peut, sans danger, conspirer en plusieurs endroits différens : les conspirations demandent le secret ; leurs auteurs doivent éviter tout ce qui peut éveiller l'attention de l'autorité. Il est à peu près impossible de renverser un corps législatif divisé en quatre-vingt-sept ou quatre-vingt-huit assemblées différentes situées dans un pareil nombre de départemens. Il faudrait l'attaquer à la fois dans tous ces départemens.

Comment atteindre une partie de ce pouvoir qui est éloigné de Paris? La foule ne peut le surprendre. Il est nécessairement prévenu de sa marche et peut lui opposer une résistance invincible, soit par une bonne garde, soit par la pénurie des vivres.

Si c'est pour le pouvoir exécutif que l'on craint, plus il est divisé, moins ses ennemis ont de prise sur lui; et, d'ailleurs, le pouvoir législatif pourrait le remplacer au besoin.

Un prince privé du commandement des troupes ne sera pas assez fort pour devenir despote; mais c'est ce que nous voulons.

Pourra-t-on redouter l'ambition du connétable? On en est préservé par la dictature du prince et par le conseil militaire.

Le prince, cependant, sera assez fort pour faire exécuter les lois, car il sera aidé par les dignitaires, par les ministres, par les préfets, par les maires, par les gardes-champêtres, par la justice, par les gendarmes, par les soldats.

Enfin, en l'absence de la soumission, je crois impossible, sans la division, de sauver toujours la société.

Un des plus grands obstacles à l'établissement et à la durée des bonnes institutions est, sans contredit, la corruption des mœurs. Quand l'homme de bien n'ose braver le persifflage des pervers, lorsque le crime lève un front audacieux et que la vertu se cache, lorsque les hommes qui occupent les emplois les plus éminens peuvent se passer de l'estime et du respect de leurs concitoyens, et que le pouvoir tient lieu de tout, il n'y a plus de patriotisme ; l'individu se préfère ouvertement à la société ; le mépris que l'on a pour les ministres de la loi s'étend bientôt à la loi elle-même ; le lien social est sans force, un rien suffit pour le rompre. Dans un pareil état de choses, l'établissement de la censure nous a paru indispensable ; mais nous avons senti en même temps qu'il était nécessaire d'organiser cette institution de telle manière qu'elle ne devînt point elle-même un objet de dérision. Il faut cependant en éloigner toute idée d'une inquisition tracassière, et qu'elle ne puisse flétrir que ceux que l'opinion publique lui désigne. C'est en établissant l'empire de la morale que l'on peut assurer celui des lois.

Dans les grands dangers de la patrie, lorsque la crainte, l'espérance et les passions mettent l'intérêt public aux prises avec l'intérêt particulier, il devient essentiel de concentrer l'autorité et de la rendre puissante, de nommer un dictateur. Alors les formes qui doivent protéger la liberté ne serviraient qu'à faciliter l'envahissement de l'Etat, qu'à préparer sa ruine.

ATTRIBUTIONS DU POUVOIR EXÉCUTIF.

C'est d'après les considérations que je viens d'exposer que j'ai cru devoir organiser le pouvoir exécutif dont j'ai présenté, dans le projet de Constitution, les formes, les droits et les attributions, et sur lequel il ne me reste à dire que quelques mots.

Parce que le prince peut avoir des relations immédiates avec tous les souverains, il nomme à son gré le ministre des relations extérieures, et parce qu'il est le protecteur, le père de tous les malheureux, il importe que tous ceux qui souffrent puissent élever leurs plaintes jusqu'à lui, et c'est afin qu'il puisse gagner l'affection du peuple par sa bonté que j'ai placé le ministre de la charité immédiatement sous ses ordres, afin que tous les secours offerts aux grandes infortunes soient censés venir de lui.

J'ai voulu que chaque dignitaire pût à peu près choisir ses ministres.

« Dès que chaque chef est tenu de surveiller la manière dont ses subalternes mettent à exécution les lois et autres décisions des autorités constituées, il a le droit de choisir, pour les remplir sous sa juridiction, les personnes qui lui inspirent le plus de confiance, et de suspendre celles qui auraient commis quelque faute digne de cette punition, et même de congédier celles dont la probité ou la capacité ne serait pas à la hauteur du poste. »

Pinheiro-Ferreira.

Le grand-économe doit être pris parmi les économistes les plus distingués; il doit connaître les influences du luxe des grands sur la richesse des ouvriers, de la consommation sur la production, du déplacement et du mouvement sur la consommation, sur le travail et sur la richesse en général, de l'aisance des cultivateurs sur les produits de l'agriculture et les richesses de l'Etat, les encouragemens qu'il est utile d'accorder et ceux qui peuvent être nuisibles par la fausse direction qu'ils donnent à l'industrie, le danger des impôts qui nuisent à la production.

Le grand-économe ménage la fortune publique et la prospérité de l'Etat ; il établit et maintient l'équilibre entre les recettes et les dépenses.

Il empêche, s'il le peut, qu'on ait recours à des emprunts.

Le grand-juge doit avoir au moins cinquante ans, avoir été membre de la cour de cassation ou président d'une cour souveraine, connaître les lois et les formes des procédures.

Il serait bien qu'il connût aussi les divers systèmes de législation et les effets qu'on en a obtenus, les influences des diverses croyances sur les actions et des habitudes soit propres, soit transmises dans la génération, sur les croyances, enfin tous les secrets du cœur humain, afin de pouvoir juger des causes de la volonté, du degré de sa liberté dans les actions coupables, et de la valeur des circonstances atténuantes.

Le grand-administrateur doit être âgé d'environ cinquante ans, être marié, avoir été préfet dans un de nos principaux départemens, connaître toutes les convenances sociales et en avoir l'habitude, être versé dans les sciences exactes, dans l'agriculture et dans le commerce, accoutumé à voir et à juger par lui-même, être économe, mais point avare, et doué d'intelligence, d'imagination, de prudence, d'activité et de probité.

Le grand-administrateur est chargé de tout ce qui concerne l'administration générale de l'intérieur, la marine marchande, les forêts nationales, les postes, les télégraphes, le commerce, les manufactures, l'agriculture, les écoles vétérinaires, les fermes-modèles, les subsistances, etc.

Le connétable doit connaître à fond la science militaire, et doit être choisi parmi les hommes qui la possèdent le plus complètement, qui ont le génie, et, s'il est possible, l'expérience de la guerre; qui savent risquer sans compromettre, et ne hasardent jamais de bataille s'ils n'y sont forcés, s'ils ne sont à peu près certains de vaincre, ou sans s'être ménagé une retraite heureuse; qui pensent à tout, prévoient tout, calculent tout et préviennent tous les besoins de l'armée; qui conservent le sang-froid dans les plus grands dangers, et n'exposent jamais sans nécessité la vie des soldats; qui s'honorent autant de la discipline que de la victoire.

Le connétable a la direction de la guerre, des fortifications, des constructions maritimes, de tous les approvisionnemens militaires de terre et de mer, des écoles militaires et polytechnique.

Le censeur doit avoir au moins cinquante-cinq ans, être irréprochable dans sa conduite et dans ses mœurs, et père d'une famille honorable. Il doit jouir de la considération, de l'estime et du respect de tous ceux qui le connaissent; être sévère pour le crime, indulgent pour l'erreur, zélé pour l'accomplissement de ses devoirs; lent, mais inflexible dans ses déterminations, et versé dans les sciences, les belles-lettres, la philosophie et la morale, doué d'intelligence et de prudence.

Le censeur, d'accord avec le grand-conseil de censure, fait des institutions pour améliorer ou réformer les mœurs et accroître l'autorité paternelle.

Il est plus difficile d'améliorer les mœurs lorsqu'elles sont mauvaises que de conserver les bonnes. Cependant, on peut espérer quelque heureux résultat d'un système d'éducation dans lequel ne sont pas oubliées les bonnes habitudes par lesquelles tout homme peut devenir meilleur.; mais si l'on se contente d'instruire les enfans, la nation se corrompra de plus en plus, car il y a plus de mauvais livres que de bons, et la jeunesse a plus de plaisir à lire les uns que les autres.

Que l'on examine bien les faits, et l'on restera convaincu que la seule science, telle qu'on la prodigue, fait plus de mal que de bien.

On se trompe grandement si l'on se persuade qu'il suffit, pour rendre l'homme religieux, de forcer l'enfant à lire des livres sacrés.

Quant au besoin d'accroître l'autorité paternelle, il est, si je ne me trompe, senti de tout le monde.

Le fils est la continuation de son père et de sa mère ; il a reçu d'eux tous les soins qu'a demandés son enfance ; il a été logé, nourri et habillé par eux ; ils l'ont secouru dans ses maladies ; ils l'ont fait élever, s'ils n'ont pu l'élever eux-mêmes ; ils lui ont fourni les moyens d'étudier, de connaître les hautes sciences et de prendre un état ; ils lui ont aussi livré une grande partie de leur bien pour seconder ses projets de mariage. C'est afin de le conserver, d'assurer sa fortune, d'accroître son bien-être qu'ils ont pris eux-mêmes l'habitude du commandement. Est-ce trop qu'il ait à leur égard cette respectueuse soumission que veut la reconnaissance ?

On ne doit point songer à améliorer les mœurs dans un État où l'autorité des pères est nulle, et ce sont celles qu'aura acquises le père qu'il peut transmettre à ses enfans.

DU CONSEIL DU PRINCE.

Le conseil du prince doit préparer les lois que demande la France. Il doit connaître celles qui existent, afin d'éviter les répétitions et les contradictions, et de pouvoir juger les procès administratifs qui lui seront soumis. Il doit résoudre toutes les difficultés contre les innovations utiles, et combattre toutes les entreprises dangereuses. C'est dans le conseil-d'Etat qu'ont été préparés tous nos Codes ; c'est le lien des pouvoirs législatif et exécutif ; les plus hautes capacités politiques, mûries par l'étude et l'expérience, vivifiées par l'honneur et l'amour de la patrie, doivent y être appelées.

DE LA DICTATURE.

Donnons un puissant intérêt au connétable à éloigner les ennemis de nos frontières, et prévoyons le cas où, par son impéritie, par son incapacité ou par les coups du hasard, il pourrait compromettre les destinées de l'Etat. Que, dans les grands dangers, lorsqu'une forte coalition menace la France et que le connétable n'a pu empêcher les ennemis d'envahir une étendue déterminée du territoire, ou que, pour s'opposer à l'invasion, on est contraint de doubler la conscription et d'augmenter d'un quart les impôts, de forcer, en un mot, les ressorts de l'Etat, la chambre-haute soit convoquée extraordinairement par le prince et mise en permanence ; que ces levées extraordinaires d'hommes et d'argent ne puissent être faites qu'elle ne les ait ordonnées ; que, si elle le juge utile, le prince soit par elle-même nommé dictateur ; mais que la durée de la dictature ne puisse s'étendre au-delà de six mois, dans la même année, sans l'autorisation des assemblées nationales. Quoique l'autorité du dictateur soit sans bornes et au-dessus de toutes les lois, qu'il ne puisse, cependant, changer la forme du gouvernement, à l'exception de celle qui concerne le connétable, qu'il pourrait suspendre ou destituer (1), et que toutes ces dispositions n'aient de durée que celle de son pouvoir.

Par ce moyen, on rendra le connétable très intéressé à tenir les forces de la nation en état de repousser les hostilités et de porter la guerre sur le territoire ennemi ; on relèvera la confiance des bons citoyens, et l'on comprimera l'audace de ces hommes qui aiment les révolutions par lesquelles tout est permis ; on préviendra souvent de grands malheurs, ou l'on y mettra un terme prochain.

On ne doit pas craindre que, dans un gouvernement aussi fortement organisé que celui que je propose, le prince entreprenne rien contre la Constitution.

(1) Le dictateur, chez les Romains, n'avait pas le pouvoir de rien faire contre l'autorité du sénat ou du peuple, ou d'opposer de nouvelles lois aux anciennes. Il ne pouvait rien contre la république qui en tirait toujours de l'utilité, lorsqu'il était nommé par les consuls. Mais, dans les derniers temps, le peuple en conférait l'autorité au consul par ces termes : *Videat consul ne respublica quid detrimenti capiat.* C'est de cette manière que fut nommé dictateur Opimius, qui fit assassiner Caïus Gracchus, et qui fut l'inventeur des proscriptions par la mise à prix des têtes que l'on voulait faire tomber. A l'exception de Cicéron, ceux qu'on nomma de cette manière devinrent des despotes ou des tyrans, ou furent incapables de servir utilement la république.

DE LA GUERRE , DE LA PAIX ET DES ALLIANCES.

Il suffit d'ôter au prince tout intérêt à la guerre pour qu'il n'y ait aucun inconvénient à lui conférer le droit de la déclarer, surtout si l'on fait attention que nous lui avons ôté le droit de commander les armées.

« Si votre république est forte et bien disposée à se défendre, il arrivera rarement que quelqu'un se mette en tête de s'en rendre maître ; si elle demeure dans ses bornes et que l'expérience fasse voir qu'elle n'a pas d'ambition, jamais personne ne lui fera la guerre, dans l'appréhension qu'on aura d'elle ; ce qui serait encore plus certain si, entre ses lois, il y en avait une qui défendît de s'accroître ; et sans doute je crois que si l'on pouvait balancer les choses de cette manière, ce serait une bonne et véritable politique et le vrai repos d'un Etat. »

Machiavel.

Ne laissant aucune amorce à l'ambition, il serait ridicule de ne point confier le droit de déclarer la guerre, de faire la paix et des traités de commerce, de contracter des alliances, à celui qui, par sa position, doit connaître mieux que personne ce qui intéresse la sûreté de l'Etat et son indépendance, à celui qui tient le fil de tous les rapports politiques, qui doit prévoir les dangers éloignés et qui est le plus intéressé à les prévenir. Qui, mieux que le prince, doit connaître les projets des puissances étrangères, leurs ressources et celles de l'Etat ? Qui perdrait plus que lui à l'envahissement de la France ?

Tout traité de paix consenti par le prince devra être

adopté par la chambre-haute. Il sera nul sans cette adoption.

DE LA HAUTE-COUR.

La justice est le but principal de toute association ; elle doit prévaloir sur la force , être, par conséquent, indépendante , éclairée et souveraine ; elle devrait protéger le faible contre les erreurs du pouvoir et les passions du puissant , sauver les Etats des égaremens de l'audace , des entreprises de l'ambition , animer tous les esprits et tous les cœurs , et diriger toutes les actions. Pourquoi faut-il qu'elle soit si rare , et qu'il n'y ait eu, en Grèce , qu'un Aristide , et , en France , qu'un Saint-Louis ?

J'ai fait en sorte qu'elle fût indépendante , en n'en livrant la nomination qu'au sort ; qu'elle fût éclairée , en ne prenant ses conseillers que parmi des hommes choisis par les cours d'appel ou par celle de cassation , et qu'elle fût souveraine , en ne donnant qu'aux juges le pouvoir d'intervenir dans ses jugemens , et en refusant au prince celui de les modifier , à moins qu'il n'y fût invité par la cour elle-même.

TITRE IV. — Des Électeurs.

Il est avantageux au peuple que les électeurs soient des contribuables intéressés à faire de bons choix ; moins on a de besoins , moins on est susceptible d'être corrompu.

Des électeurs choisis et que l'on peut ne pas réélire

offrent toujours plus de garantie que ceux que nomme la loi.

D'après ce système, les citoyens riches exercent une certaine influence sur la législation, mais cette influence ne pourra jamais être préjudiciable aux autres classes de la société puisqu'elles seront appelées plus spécialement encore que les riches à adopter ou à rejeter les projets de loi. Ce sera la classe nombreuse des propriétaires qui choisira la représentation nationale, et les représentans désignés choisiront à leur tour la chambre-haute. Il suit nécessairement de cette combinaison une liaison intime, un vrai équilibre entre toutes les parties de la société.

Le jeune âge s'enthousiasme trop facilement; il est trop susceptible d'engouement, d'exaltation, de prévention, pour qu'il doive décider du mérite des prétendans.

Ce n'est point lorsqu'on est encore sous l'empire des passions ardentes, que l'on doit être appelé à des fonctions qui, pour être bien remplies, demandent une grande liberté de l'esprit et du cœur.

C'est pourquoi je voudrais que, pour être électeur au 2e degré, il fallût avoir au moins trente ans.

Pour avoir le droit de nommer les représentans de la nation, il faut être intéressé à les bien choisir. Il est essentiel que les électeurs offrent une garantie à l'Etat, et il n'en est point de plus sûre que l'intérêt personnel. Celui qui a des propriétés foncières craint ordinairement plus les agitations, les troubles, les guerres, que celui qui n'a que des propriétés mobilières. Je voudrais donc que, pour être électeur du

1er degré, on dût payer au moins 10 francs de contribution foncière ou 20 francs de contribution mobilière, et que tout déficit sur les 10 francs d'impôt foncier ne pût être remplacé que par le double en impôt mobilier: ainsi celui qui ne paierait que 5 francs d'impôt foncier devrait payer, en outre, 10 francs d'impôt mobilier.

L'armée ne prendra aucune part aux élections. Il importe d'éloigner d'elle tout ce qui pourrait la diviser, afin de rendre impossible la guerre civile. Si les élections ne sont point l'unique cause des partis, elles en sont une des principales, et les partis veulent gouverner. Or, il est bon que l'armée ne sache qu'obéir.

« Le système adopté par le gouvernement provisoire de France et par lequel les électeurs nomment, dans le chef-lieu de leur canton, tous les députés du département, est perfide et dangereux pour la liberté. Il suffit, pour s'en convaincre, de ne pas ignorer ce principe évident qui doit être la base de la loi électorale franchement libérale.

» Les électeurs doivent connaître tous les candidats. Si nous faisons en sorte qu'ils soient obligés de nommer ceux qu'ils ne connaissent pas, l'élection n'est qu'illusoire; il n'est pas vrai qu'ils choisissent, ils donnent leur suffrage peut-être à celui qu'ils ne veulent pas nommer. »

L'abbé R...

L'électeur ne doit nommer que ceux qu'il peut connaître.

Cinq cents électeurs d'une même commune peuvent facilement connaître cinquante d'entre eux des plus imposés.

Cinq cents électeurs payant 50 francs de contribution peuvent aisément choisir cinq députés à une assemblée nationale.

Deux cents députés, que peut avoir le département le plus peuplé, ne seront pas en peine de choisir treize membres de la chambre-haute payant au moins 1,000 fr. d'impôt.

Le nombre des électeurs du 2ᵉ degré sera le dixième de celui du premier, celui des membres des assemblées nationales sera le centième des électeurs de 2ᵉ degré, et celui des membres de la chambre-haute sera le quinzième des députés aux assemblées nationales. Ainsi un département qui possèdera trente mille électeurs du 1ᵉʳ degré en aura trois mille du second, trente députés et deux membres de la chambre-haute.

Je voudrais que le suffrage des électeurs du 1ᵉʳ degré fût public. Ce serait un moyen de préserver quelquefois l'Etat des élections honteuses. Lorsque le peuple vote mal, c'est qu'il est trompé. Cicéron prétend que les lois qui rendirent les suffrages secrets, dans les derniers temps de la république romaine, furent une des grandes causes de sa chute. Quant aux autres suffrages, il est bon qu'ils soient secrets. Dans les élections secrètes du suffrage universel, l'électeur ne sait souvent pour qui il a voté.

Les élections par le chef et par les membres du pouvoir exécutif sont faciles et peuvent être bonnes, puisque l'autorité ayant le droit de nommer est aidée des lumières et des recherches d'une autre autorité qui est intéressée à ce que la première fasse de bons choix et par conséquent à lui présenter les meilleurs sujets.

La concurrence devient moindre par la qualité des emplois que doivent avoir exercé les candidats.

Il m'a paru utile que les présentations pour le conseil du prince fussent faites par la chambre-haute , parce que ce conseil doit avoir des relations intimes avec cette chambre , qu'il prépare les lois et que , par les autorisations qui lui seront demandées et les jugemens qu'il sera appelé à rendre , il appartient d'ailleurs au pouvoir exécutif.

Je n'ai pu confier au suffrage des électeurs l'élection de la haute-cour : 1° parce qu'elle doit avoir des connaissances et des vertus dont le public ne peut être juge ; 2° parce qu'elle ne doit point être assez nombreuse, pour que chaque assemblée électorale puisse être occupée de l'élection d'un de ses membres ; 3° parce qu'elle doit l'être trop, pour que chaque assemblée électorale puisse choisir tous ses membres ; 4° parce que ne pouvant être parfaitement indépendante et souveraine qu'autant qu'elle serait nommée par le peuple ou désignée par le sort, je n'ai eu que ce dernier parti à prendre ; mais j'ai dû faire en sorte que le sort, qui est aveugle , ne pût point se tromper, et que celui qui devait le tirer ne pût être soupçonné d'avoir voulu le remplacer.

TITRE V. — Des Fils du Prince.

DE L'ÉDUCATION DES FILS DU PRINCE.

Je voudrais qu'il y eût un concours pour des livres formant un cours d'instruction , à l'usage des fils du prince et de ses héritiers présomptifs, car il faut prévoir un événement possible, l'absence ou le prédécès de ses enfans.

Ces ouvrages seraient jugés par une commission, composée comme il est dit dans le projet de Constitution.

L'instruction des enfans du prince ou de ses héritiers présomptifs devrait s'étendre à tous les objets contenus dans ces livres. Ils devraient être en état, passé un certain âge, de subir tous les ans des examens sur une partie déterminée de leur instruction, en présence d'une commission composée comme nous l'avons déjà dit.

Après avoir donné des encouragemens aux élèves, cette commission serait tenue d'inscrire, sur un registre, son sentiment sur leur instruction et leurs progrès, car ce seraient, autant que possible, les mêmes individus qui composeraient la commission pendant tout le cours de l'éducation.

A l'âge de dix-huit ans, chaque élève subirait un examen, comme il est dit dans le projet de Constitution, et lorsque, par cet examen, il ne répondrait point aux espérances données par la commission des examinateurs, le conseil de censure se ferait représenter les registres où chacun des examinateurs aurait précédemment inscrit son sentiment, et flétrirait ceux qui se seraient rendus coupables de flatterie, comme ayant trompé la France. Il pourrait les destituer de leurs fonctions et les déclarer indignes d'occuper à l'avenir des emplois publics.

Les gouverneurs dont les élèves répondraient aux espérances de la nation, seraient membres honoraires du grand-conseil de censure, quoique âgés de moins de cinquante ans ; ils auraient une place distinguée dans les temples, dans les théâtres ; ils siégeraient, dans les grandes cérémonies, à côté des grands-dignitaires.

DE LA MINORITÉ ET DE LA RÉGENCE.

Le plus proche parent mâle du mineur, âgé de vingt-cinq ans, sera régent pendant la minorité ; mais, afin de prévenir les abus du pouvoir ou les tristes effets de la négligence, il ne pourra rien ordonner sans l'approbation d'un conseil de régence, ni négliger de faire ce qu'aura voulu ce conseil qui sera composé comme il est dit dans la Constitution.

Tous les membres du conseil de régence seront remplacés pendant la minorité et jusqu'à ce que le prince ait ses vingt-cinq ans accomplis.

La régence peut durer au-delà de la grande majorité, si une loi l'autorise.

DU MARIAGE DES FILS DU PRINCE.

Les vertus se transmettent dans la génération comme les formes extérieures, et il importe à l'Etat que la race de ses chefs soit intelligente et sage.

La politique conseille quelquefois les alliances avec les familles étrangères ; c'est ainsi que l'avenir est sacrifié au présent.

L'histoire nous apprend que la fille, en général, ressemble le plus souvent à son père plus qu'à sa mère. C'est donc avec les filles des hommes les plus recommandables par les talens, les habitudes, le caractère et l'estime de leurs concitoyens, qu'on devra faire en sorte de marier les fils du prince, qui, du reste, ne pourront point se marier avant l'âge de vingt ans, sans le consentement de leur père ou sans celui du régent.

« Un roi et sa famille doivent se dévouer à la nation, s'ils veulent répondre au suprême devoir de leur grade. Un roi animé de cet esprit ne se croira pas grevé par l'obligation de consulter son peuple pour le choix de son épouse..... Dans un gouvernement constitutionnel, il est le premier citoyen. L'intérêt du peuple qu'il gouverne est le sien propre. Il doit au peuple la confiance que le peuple lui doit. Le roi et le peuple ne sont pas deux choses différentes, mais denx parties d'une même nation.

» C'est une garantie nécessaire de la nationalité : les alliances avec les familles étrangères peuvent diviser les cours et rompre les coutumes du roi et de sa nation. Il est bon que les représentans du peuple exercent sur lui leur vigilance..... Le souverain qui serait lié à ses peuples par les liens de la famille prendrait un plus grand intérêt à la nation, la considèrerait comme sa propre famille et aurait pour elle la tendresse d'un père. »

L'abbé R...

TITRE VI. — Du Jugement du Prince et des Grands-Dignitaires après leur décès, et de leur sépulture.

Chez les Egyptiens, avant d'enterrer les rois, on faisait autrefois leur procès, et les méchans princes devaient être exclus des sépultures royales.

La tranquillité de l'Etat exige que la censure ne puisse atteindre ni le prince ni les grands-dignitaires pendant leur vie ; mais une institution qui les soumettrait au jugement du grand-conseil de censure après leur décès, serait, je pense, très utile. Les arrêts de ce tribunal respectable, composé de quatre-vingt-dix vieillards, ne seraient jamais souillés de passion. Je ne voudrais ni plaidoirie ni discussion. Sur toutes les questions soumises au jugement de ce conseil, chacun de ses membres irait, sans mot dire, mettre une boule blanche ou une boule noire dans une urne.

Je crois qu'on devrait beaucoup attendre d'une pareille institution chez une nation pleine d'honneur et de fierté, et passionnée pour la gloire. Elle suffirait à établir l'empire des mœurs ; elle ferait l'espoir des bons et l'effroi des méchans ; elle élèverait la puissance du grand-conseil de censure ; elle serait la clef de l'édifice de toutes les institutions morales.

CONCLUSION.

J'ai fait en sorte de mettre à l'abri des révolutions , de la corruption , de l'intrigue , la souveraineté nationale ; d'assurer et d'étendre , autant que le permet le bon ordre , les droits du citoyen , et d'empêcher Paris de bouleverser la France , et la centralisation de nuire aux départemens et aux communes. Si mes vœux pouvaient se réaliser , la loi viendrait d'en haut , mais elle serait l'expression fidèle de la volonté du peuple ; l'impôt serait réglé et consenti par les principaux contribuables , l'équilibre des recettes et des dépenses serait ménagé ; les places seraient données aux plus dignes , les malheureux seraient soulagés , l'ouvrier aurait du travail et ne pourrait se plaindre , les bonnes mœurs seraient protégées et les mauvaises réprimées , les vertus croîtraient progressivement , les crimes diminueraient , la propriété serait respectée.

Le prince serait très puissant pour faire le bien ; et , préservé du mal par son éducation , par son mariage , par la crainte du jugement après la mort , il ne pourrait devenir despote ; chaque partie du gouvernement aurait un protecteur , dont elle pourrait faire ou la honte ou la gloire.

Les dignitaires voudraient mériter un jugement honorable après leur décès , et quoiqu'ils ne soient point soumis à la censure légale , elle les contiendrait par la censure publique qu'elle déterminerait.

Les hommes que maîtrisent leurs sens , et qui mé=

prisent et la philosophie et la religion, seraient soumis à l'autorité de la censure qui influe sur la gloire à laquelle les sens obéissent plus ou moins.

Ceux qui auraient obtenu des distinctions honorables ou héréditaires se conduiraient sagement, afin de n'en être point déclarés indignes par le conseil de censure. Elles seraient donc la récompense du passé et la garantie de l'avenir.

Le gouvernement serait fort, si je ne me trompe, parce que j'ai fait en sorte de le préserver de la flatterie, et de créer en lui l'amour de la vraie gloire ; le prince ne croirait pas être l'auteur de tout le bien ; il sentirait qu'une grande part en reviendrait aux grands-dignitaires et surtout à la censure. L'amour et la reconnaissance des malheureux lui élèveraient l'âme ; il ne pourrait se persuader qu'il est l'idole de ceux à qui il aurait donné des places, puisqu'il n'aurait pas été parfaitement libre dans son choix, et ne saurait se défendre de certaines destitutions qui lui seraient demandées ; il ne pourrait trop compter sur l'armée, parce qu'elle se devrait principalement à la patrie et au connétable.

Les ministres seraient privés de leurs relations quotidiennes avec les représentans et n'en obtiendraient que ce que demanderait le bien de l'Etat. Ils seraient forts par la permanence dans leur emploi qui leur permettrait de faire beaucoup de bien ; leurs changemens seraient plus rares et les maux de l'inconstance moins fréquens.

De l'amélioration des mœurs naîtrait l'accroissement du patriotisme.

Le soldat, certain de n'être pas oublié, respecterait le bon ordre et la discipline ; il ne serait point égaré par les communistes, parce qu'il voudrait acquérir honorablement une fortune immobilière.